TIER RECHTS REPORT 2015

RECHERCHEN, TIERQUÄLEREIEN UND RECHTLICHE ENTWICKLUNGEN IN DEUTSCHLAND

Bibliografische Information der Deutschen Nationalbibliothek:

Die Deutsche Nationalbibliothek verzeichnet diese Publikation in der Deutschen Nationalbibliografie, detaillierte bibliografische Daten sind im Internet über *http://dnb.d-nb.de* abrufbar.

Friolzheimer Straße 3a, 70499 Stuttgart
PETA.de

Umschlaggestaltung: Petra Thaler, PETA Deutschland e.V.
Satz und Layout: Petra Thaler, PETA Deutschland e.V.
Umschlagabbildung: PETA Deutschland e.V.
Konzept und Redaktion: Dr. Edmund Haferbeck, PETA Deutschland e.V.
Lektorat: Andrea Clages
Herstellung und Verlag: BoD – Books in Demand, Norderstedt

ISBN 978-3-7386-1968-3
Dieses Buch ist auch als E-Book erhältlich.

INHALT

TIERVERSUCHE

UNTERHALTUNG

VORWORT

In den letzten Jahren sind in Deutschland mehrere Reporte zu Schwerpunktthemen erschienen, die in der öffentlichen Diskussion Beachtung finden. Neben dem seit vielen Jahren erscheinenden Menschenrechtsreport von amnesty international oder dem Grundrechtereport vor allem der Humanistischen Union gehen auch die alternativen Energieversorger oder auch der Umweltverband NABU mit seinem Artenschutzreport an die Öffentlichkeit. Doch für die Thematik, die eigentlich alle Bereiche des gesellschaftlichen wie auch des alltäglichen Lebens eines jeden Menschen betrifft, nämlich die Tierrechte, fehlte es bislang an einem Jahresreport. So schließt PETA Deutschland e.V., als Schwesterorganisation der weltweit größten Tierrechtsorganisation PETA USA, diese Lücke und bringt mit dem Jahr 2015 den alljährlichen Tierrechtsreport heraus. Zwar hat es immer mal wieder in der Vergangenheit diverse Tierschutzberichte gegeben, doch eben unregelmäßig und eben Tier**schutz**berichte und keinen Tier**rechts**report. Tierrechte haben unmittelbar und mittelbar mit Menschenrechten, Welthunger, Umweltverschmutzung, Klimawandel, Wasserknappheit, Bodenerosion, Regenwaldrodungen, Artenschutz, Biodiversität, der öffentlichen Sicherheit und Ordnung, menschlichen Erkrankungen oder dem Rechtsfrieden zu tun, der durch die Ausbeutung der Tiere in vielerlei Hinsicht nachhaltig gestört ist in Deutschland. Der Tierrechtsreport soll dem entgegenwirken.

Harald Ullmann
2. Vorsitzender von PETA Deutschland e.V.

Stuttgart, im Juli 2015

EINLEITUNG

Tierrechte sind, immer mehr auch im Bewusstsein der Öffentlichkeit, zu einem der am häufigsten, auch polarisierend, diskutierten Themen in Deutschland geworden; es geht eben nicht mehr „nur" um Tierschutz, sondern um die Rechte von Tieren. In nahezu allen Lebensbereichen sind Tierrechte virulent, sei es im Bekleidungssektor (Leder, Pelz, Daunen, Seide, Wolle u.a.), bei der Ernährung (Fleisch, Milch, Eier, Butter, Gelatine u.a.), der Wissenschaft und Industrie (Tierversuche, Kosmetik- und Pflegeprodukte, Medikamente u.a.), dem Freizeit-, Unterhaltungs- und Vergnügungssektor (Tiere in Filmen, auf den Theaterbühnen, in der Kunst, im Zirkus, im Zoo, Jagd u.a.) und letztlich auch im unmittelbaren persönlichen Umfeld, der privaten Tierhaltung (Zootierfachhandel, Baumärkte mit Lebendtierverkauf, Handel mit Exoten, Tierheime u.a.). Jeden Tag, mehrmals, sind unsere Entscheidungen unmittelbar mit Tierrechten verbunden, ob mit den Lebensmitteln auf den Tellern, dem Kauf von Haushalts-, Kosmetik- oder Pflegeprodukten oder der Freizeitgestaltung. Überall begegnen uns Tiere oder auch nur das, was aus Tieren hergestellt worden ist. Auch dass die Tierrechte unmittelbar mit der Welthunger-Situation, der Klimakatastrophe, dem Wassermangel und der globalen Umweltzerstörung verbunden sind, ist nachgewiesen und einer breiten Öffentlichkeit bewusst.

Tierrechte sind zum einen mit Empathie verbunden, bedingen sich sogar teilweise, zum anderen mit Gewaltfreiheit und einer veganen, also tierproduktfreien und damit leidfreien Lebensweise. Während auch rein anthropozentrische Gründe für eine vegane Lebensweise sprechen, sind die Tierrechte allein auf die Belange der leidensfähigen Mitgeschöpfe konzentriert. Körperliche Unversehrtheit und die Würde sind grundlegende Rechte, die den Tieren genauso zustehen wie dem Menschen. Eine Grenzziehung dahin, wie die Tier**schutz**- und eben nicht die Tier**rechts**gesetzgebung es in Deutschland vorgibt, dass „nur" Wirbeltiere unter den eigentlich ethisch ausgelegten, in der Wirklichkeit jedoch zum Nutzen der Menschen ausgelegten Tierschutz fallen sollen, kennen die Tierrechte nicht, auch wirbellose Tiere (z.B. Hummer, Thun-, oder Tintenfische, Krabben, Insekten, Bienen, Raupen etc.) haben ein Recht auf körperliche Unversehrtheit.
Der Tierrechtsreport 2015 gibt einen Einblick in die wichtigsten Bereiche der Tierrechte, die auch in der gesellschaftlichen Diskussion im Fokus stehen. Es gibt viele Tierschutzverbände, aber nach wie vor nur wenige Tierrechtsorganisationen, die die „Befreiung der Tiere" um ihrer selbst willen vertreten und vorantreiben. Dieser Report bietet Einblicke in diese Arbeit.

1 | Ein Marderhund im winzigen Drahtgitterkäfig einer Pelzfarm in China. Die Tiere werden weltweit insbesondere für Pelzkrägen an Parkas getötet. **2 |** Auf großen Pelzfarmen, wie hier in China, sind Zehntausende Nerze, Marderhunde oder Füchse auf engstem Raum eingesperrt. **3 |** Auf Pelzmärkten werden die Tiere lebendig feilgeboten. Die Pelzfarmer zertrümmern den Tieren mit Eisenstangen den Schädel, was einige Tiere jedoch noch mehrere Minuten überleben. **4 |** Am Rande des chinesischen Pelzmarkts werden einige Marderhunde teils noch lebendig gehäutet. © PETA / Manfred Karremann

BEKLEIDUNG

PELZTIERZUCHT UND PELZHANDEL IN DEUTSCHLAND
HISTORIE UND AKTUELLER STAND

Die gewerbliche Zucht von Tieren zur Gewinnung von Pelzen begann in Deutschland in den 1920er Jahren. Hierzulande wurden über die letzten Jahrzehnte meist Amerikanische Nerze, Iltisse, Füchse, Sumpfbiber und Chinchillas auf Farmen gezüchtet. In den 80er und 90er Jahren wurden hierzulande noch um die 400.000 Tiere für Pelz getötet.[1]

Im Dezember 1999 traten die vom Europarat erarbeiteten Empfehlungen für das Halten von Pelztieren in Kraft.[2] Der Wissenschaftliche Ausschuss für Tiergesundheit und Tierschutz der Kommission der Europäischen Gemeinschaften stellte jedoch im Dezember 2001 in seinem Bericht zur Pelztierhaltung erhebliche Defizite aus Tierschutzsicht fest.[3] Diese resultierten insbesondere aus unzureichenden Bewegungs- und Beschäftigungsmöglichkeiten für die Tiere, weshalb das Bundesministerium Ernährung, Landwirtschaft und Verbraucherschutz dem Bundesrat 2005 einen Verordnungsvorschlag mit konkreten Verbesserungsvorschlägen zuleitete, der auch neue Studien mit einbezog. Die Dritte Verordnung zur Änderung der Tierschutz-Nutztierhaltungsverordnung trat 2006 in Kraft. Damit hatte das Parlament nach knapp 15 Jahren Beratungszeit erstmalig Haltungsvorgaben für sogenannte Pelztiere beschlossen. Nach einer Übergangszeit von 5 Jahren traten am 11. Dezember 2011 die Änderungen in Kraft, dass zum Beispiel Nerzkäfige nicht mehr übereinander gestapelt sein durften, und jedem Nerz musste eine Grundfläche von mindestens einem Quadratmeter zur Verfügung stehen.[4]

Viele Nerzfarmbetreiber schlossen aufgrund dieser Haltungsverschärfungen bis 2011 ihren Betrieb. Die verbliebenen 12 Nerzfarmer reichten bei den zuständigen Verwaltungsgerichten jedoch Klage gegen die von den jeweiligen Kreisen zuvor angeordnete Auflösung der Nerzzucht ein, da die Betreiber sich weigerten aufzurüsten. Aktuell werden nach einigen außergerichtlichen Vergleichen und Nerzfarmschließungen nur noch 8 Nerzfarmen in Deutschland aktiv betrieben mit schätzungsweise noch 100.000 Tieren.[5] Die Nerzfarmen befinden sich im Norden und Osten Deutschlands sowie eine Farm in Nordrhein-Westfalen. Lediglich ein Farmer in Sachsen-Anhalt ist den Aufforderungen der Verordnung nachgekommen und hat einen Teil seiner Käfige 2012 nachträglich vergrößert.[6] Ein letztinstanzliches Urteil vor dem Bundesverwaltungsgericht zur von den Züchtern

bemängelten Verfassungsmäßigkeit der Pelztierhaltungsvorgaben steht in den laufenden Verfahren noch aus.
Ein Pelzfarmverbot wird von Tierrechtlern und Tierschützern intensiv seit den 80er Jahren für die Bundesrepublik gefordert. Bei seiner Novelle des Tierschutzgesetzes schlug der Bundesrat 2012 sogar ein Pelzfarmverbot vor, da Pelze Luxusgüter seien, die sich funktional durch Kunstpelze ersetzen ließen. „Es besteht kein vernünftiger Grund, Pelztiere zur Pelzgewinnung zu halten und zu töten“, folgerte dazu der schriftführende Agrarausschuss des Bundesrates.[7] Das Pelzfarmverbot wurde jedoch durch die schwarz-gelbe Mehrheit im Bundestag aus dem Gesetzesentwurf gestrichen.[8]

In Deutschland existiert bis heute keine spezifische nationale Deklarationspflicht von Echtpelzen, die verständliche und deutliche Angaben zur verwendeten Tierart, der Herkunft des Tieres und Tierhaltung sowie der Art der Gewinnung macht, wie sie etwa seit 2014 in der Schweiz gesetzlich vorgeschrieben ist.[9] Nach der seit Mai 2012 gültigen EU-Verordnung Nr. 1007/2011 müssen Textilien nur mit dem Hinweis versehen werden „Enthält nichttextile Bestandteile tierischen Ursprungs“.[10] Seit dem 9. November 2014 ist diese Angabe nach einer Übergangszeit verpflichtend für Modehändler. Eine weiterführende Initiative von Animals Liberty für eine detailliertere Kennzeichnungspflicht bei echten Pelzprodukten lehnte die Bundesregierung bei einer Anhörung im Petitionsausschuss des Bundestages am 13. Oktober 2014 ab und verwies auf die bestehende EU-Verordnung und deren Evaluation. Im Winter 2014 fand PETA beispielsweise eine nicht deklarierte Mütze mit Fellbommel der deutschen Strickwarenfirma Stöhr, bei der die Laboranalyse Marderhund als Tierart ergab.

Der Handel mit Echtpelzen ist in Deutschland weitestgehend legal. Mit der EU-Verordnung 1007/2009 über den Handel mit Robbenerzeugnissen wurde in Europa ein weitgehendes Handelsverbot für Robbenprodukte beschlossen und ist 2010 in Deutschland in Kraft getreten.[11] Vorangegangen waren jahrzehntelange Proteste von Tierschutzgruppen aus ganz Europa. Das WTO-Schiedsgericht lehnte die Klage von Kanada und Norwegen gegen die EU-Verordnung im Mai 2014 mit der Begründung ab, dass eine Regulierung aufgrund der moralischen Vorbehalte der EU-Bürger gegen das Robbentöten für Pelze zulässig ist.[12] Lediglich die Ausnahmeregel für den Handel der Inuit müsse überarbeitet werden, und die EU und Kanada einigten sich auf eine Überarbeitung bis Oktober 2015.[13] Zudem ist der Import und Handel von Hunde- und Katzenpelzen seit 2008 in Deutschland untersagt.[14] Ausschlaggebend hierfür waren Recherchen von PETA in China, die den dortigen Handel mit Pelzen von Hunden und

Katzen aufgedeckt hatten.[15] Die EU hat zudem seit 1995 den Einsatz von Tellereisen bei der Fallenjagd verboten sowie den Import von Pelzen, die mit Hilfe von nicht humanen Tellereisen gefangen wurden, untersagt.[16]

Die erfolgreichsten Modeketten in Deutschland sind nach Protesten von Tierrechtlern in den 90er Jahren bis heute mittlerweile pelzfrei. Die umsatzstärksten Firmen wie Otto Group, H&M, C&A oder ESPRIT verkaufen ausschließlich moderne Kunstpelze. Wegen des Verkaufs von Echtpelz stehen Modehäuser wie Peek & Cloppenburg Düsseldorf, Breuninger, Wöhrl oder das Label Bogner und Marc Cain jedoch weiterhin in der Kritik von Tierrechtlern und es kommt zu bundesweiten Demonstrationen vor entsprechenden Filialen.

Quellen:

1 *Haferbeck, Dr. Edmund (1990): Pelztierzucht: Das sinnlose Sterben. Echo Verlag.*

2 *Pelztier-Empfehlung v. 22.06.1999 des Europäischen Übereinkommens zum Schutz von Tieren in landwirtschaftlichen Tierhaltungen* www.coe.int/t/e/legal_affairs/legal_co-operation/biological_safety_and_use_of_animals/farming/Rec%20fur%20animals%20E%201999.asp *(abgerufen am 06.02.2015)*

3 *Bericht des Wissenschaftlichen Ausschusses für Tiergesundheit und Tierschutz der Europäischen Kommission zum Tierschutz bei Pelztieren v. 12./13.12.2001* ec.europa.eu/food/animal/welfare/international/out67_en.pdf *(abgerufen am 06.02.2015)*

4 *Dritte Verordnung zur Änderung der Tierschutz-Nutztierhaltungsverordnung, BR-Drs 437/05:* dipbt.bundestag.de/extrakt/ba/WP16/61/6191.html *(abgerufen am 06.02.2015)*

5 *Übersichtskarte auf:* pelz.peta.de/nerzfarmen-in-deutschland *(abgerufen am 06.02.2015)*

6 *Antwortschreiben vom 10.12.2012 der Staatsanwaltschaft Stendal nach erfolgter Strafanzeige von PETA Deutschland e.V. gegen die B. GmbH in Grabow*

7 *Siehe BR-Empfehlung der Ausschüsse vom 25.06.2012, BR-Drucksache 300/1/12 unter DIP-Vorgang* dipbt.bundestag.de/extrakt/ba/WP17/451/45177.html

8 *Antwort der Bundesregierung vom 29.08.2012 auf die Stellungnahme des Bundesrates - BT-Drucksache 17/10572 unter DIP-Vorgang* dipbt.bundestag.de/extrakt/ba/WP17/451/45177.html

9 *Schweizer Pelzdeklaration beim Bundesamt für Lebensmittelsicherheit und Veterinärwesen BLV:* www.blv.admin.ch/themen/handel_wild/05116/05181/index.html?lang=de

10 *Artikel 12 EU-Textilkennzeichnungsverordnung* www.textilkennzeichnungsverordnung.de/textilkennzeichnungsverordnung/index.html

11 *Verordnung (EG) Nr. 1007/2009 des Europäischen Parlaments und des Rates vom 16. September 2009 über den Handel mit Robbenerzeugnissen (ABl. EG Nr. L 286 S. 36)*

[12] *WTO Dispute DS400 www.wto.org/english/tratop_e/dispu_e/cases_e/ds400_e.htm & DS401 www.wto.org/english/tratop_e/dispu_e/cases_e/ds401_e.htm*

[13] *WTO Dispute DS400 www.wto.org/english/tratop_e/dispu_e/cases_e/ds400_e.htm & DS401 www.wto.org/english/tratop_e/dispu_e/cases_e/ds401_e.htm*

[14] *Verordnung (EG) Nr. 1523/2007 des Europäischen Parlaments und des Rates vom 11. Dezember 2007 über ein Verbot des Inverkehrbringens sowie der Ein- und Ausfuhr von Katzen- und Hundefellen sowie von Produkten, die solche Felle enthalten, in die bzw. aus der Gemeinschaft (ABl. EG Nr. L 343 S. 1)*

[15] *ZDF 37° Grad Reportage: Kater Benny vermisst, 04.10.2005*

[16] *Verordnung (EWG) Nr. 3254/91 des Rates vom 4. November 1991 zum Verbot von Tellereisen in der Gemeinschaft und der Einfuhr von Pelzen und Waren von bestimmten Wildtierarten aus Ländern, die Tellereisen oder den internationalen humanen Fangnormen nicht entsprechende Fangmethoden anwenden (ABl. EGNr. L 308 S. 1)*

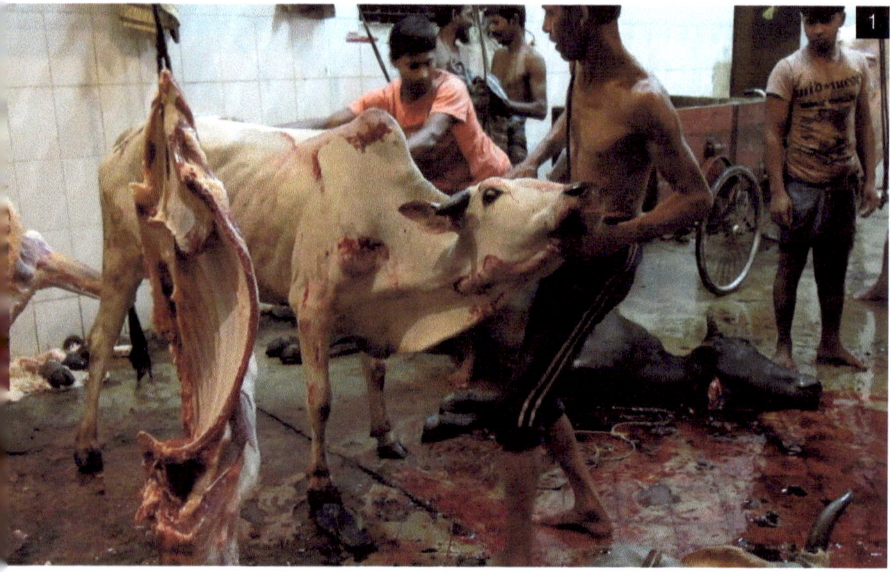

1 | In den Schlachthäusern von Dhaka, Bangladesch, wird verängstigen Rindern ohne vorherige Betäubung ihre Kehle aufgeschnitten. © PETA / Manfred Karremann

2 | In China existieren spezielle Schlachthäuser für Hunde. Die Arbeiter versuchen mit Knüppeln den Schädel der Tiere zu zertrümmern, was häufig zu einem langsamen und qualvollen Tod führt. © PETA Asien

LEDERPRODUKTION
TIERRECHTE, MENSCHENRECHTE, UMWELTSCHUTZ

„Kunstleder wird so raffiniert hergestellt, dass es auf den ersten Blick nicht erkennbar ist", sagte Thomas Schröer vom Verband der Deutschen Lederindustrie (VDL) 2014 gegenüber der dpa.[1] Aus Sicht von Tieren wie Rindern, Ziegen, Schafen und Schweinen eine gute Nachricht. Denn die Haltung, der Transport und die Schlachtung der Tiere findet heutzutage meist in China, Indien oder Brasilien statt, also in Ländern, die entweder über gar kein oder nur mangelhaft vollzogenes Tierschutzgesetz verfügen.

Die globale Lederindustrie setzt schätzungsweise über 80 Milliarden US-Dollar im Jahr um.[2] In Deutschland erzielte die Lederwaren- und Kofferindustrie einen Gesamtumsatz von 507,5 Millionen Euro. Für 2014 schätzte der Deutschen Lederwaren-Einzelhandels (BLE) das Marktvolumen von Lederwaren in Deutschland auf etwa 2,4 Mrd. Euro zu Endverbraucherpreisen.[3] So deckte das Magazin Kassensturz im Schweizer Fernsehen illegale und betäubungslose Schlachtungen von Rindern und überfüllte Tiertransporte auf.[4] Die genaue Herkunft der Rinderhäute lässt sich für die Hersteller von Lederschuhen meist nicht nachvollziehen. Hinzu kommen umweltschädigende Gerbereien, die die Arbeiter an Asthma, Ausschlägen und Lungenproblemen leiden lassen durch die Nutzung mehrerer giftiger Substanzen. Der Chemiecocktail wird häufig ungeklärt in angrenzende Flüsse und Gewässer geleitet, wodurch die Umwelt zerstört wird und Fische, Amphibien und Vögel sterben. Nach Schätzungen von PETA Indien werden im Land rund 30.000 illegale Schlachthöfe betrieben, in denen meist nachts Kühe aus der Milchindustrie getötet werden. In einzelnen Bundesstaaten wie Kerala oder Westbengalen sind zudem Kuhschlachtungen unter bestimmten Bedingungen legal.[5] Nach Gesprächen mit PETA Indien, dem Ministerium und der Parlamentarierin Maneka Gandhi hat die Central Board of Secondary Education in Indien an über 18.000 Schuleinrichtungen die Empfehlung ausgesprochen, ein Verbot von Lederschuhen einzuführen.[6]

In China deckte PETA Asien die Hundelederindustrie auf. Einem verdeckten Ermittler gelang es, in der chinesischen Provinz Jiangsu Videoaufnahmen von Arbeitern bei der im regionalen Handel üblichen Schlachtung von Hunden zu machen. Ein Mitarbeiter sagte dem Ermittler, dass in der Einrichtung jeden Tag 100 bis 200 Hunde erschlagen und gehäutet werden. In Manufakturen werden die Hundehäute schließlich zu Damenhandschuhen verarbeitet und beispielsweise als „Schafsleder" in die ganze Welt verkauft. Ein Fabrikbesitzer sagte dem Ermittler zum damaligen Zeitpunkt, er habe etwa 30.000 Stück des halbverarbeiteten Hundeleders auf Lager.[7] China ist aktuell der größte Importeur, Verarbeiter und Exporteur von Tierhäuten. Durch die immense Abwasserverschmutzung durch Gerbereien sah sich die chinesische Regierung 2014 sogar gezwungen, eine gesetzliche Gewässerschutzregulierung zu beschließen, die bis zu 45 Prozent der rund 3000 chinesischen Gerbereien vermutlich nicht erfüllen könnten.[8] Auch die Häute von deutschen Kühen gehen zur Weiterverarbeitung und Gerbung meist nach China, Thailand, Vietnam oder Pakistan, bis sie als fertige Lederprodukte wieder im Laden auch in Deutschland stehen.

Die Rückstände der Ledergerbung sind für Menschen eine allgegenwärtige Gesundheitsgefahr. Insbesondere das hochallergene und krebsauslösende Schwermetall Chrom(VI) findet sich immer wieder in Lederartikeln wie Schuhen oder Handschuhen. Auf Anfrage von PETA gab beispielsweise das Bayerische Staatsministerium für Umwelt und Verbraucherschutz an, dass von Januar 2012 bis Mitte 2014 199 Lederproben genommen wurden, wovon 29 Produkte wegen gefährlicher Chrom VI-Konzentrationen beanstandet werden mussten. In Baden-Württemberg wurden 16,8 Prozent der Ledererzeugnisse in den Jahren 2010 bis 2014 wegen giftigem Chrom(VI) bemängelt. Die Folge chrombelasteter Lederwaren sind häufig chronische Allergien mit extremen Hautausschlägen. Bereits eine halbe Million Menschen in Deutschland sollen laut dem Bundesinstitut für Risikobewertung von einer derartigen Sensibilisierung betroffen sein.[9]

Das Angebot an tierfreien Schuhen oder Taschen vergrößerte sich 2014 kontinuierlich. Als erster großer internationaler Modekonzern brachte ESPRIT eine Damenschuhkollektion mit dem PETA-Approved Vegan-Logo in die Stores und in seinen Onlineshop. Lederfreie Schuhe von The No Animal Brand und gx by Gwen Stefani befeuern den Trend zu veganer Mode. Im Automobilsektor sind auf Anregung von PETA Deutschland die neuen smart-Modelle der Daimler AG in der Grundausstattung mit komplett lederfreier Innenausstattung erhältlich.[10]

Quellen:

[1] www.focus.de/kultur/mode/mode-kunstleder-ist-fuer-laien-nicht-erkennbar_id_4240609.html (abgerufen am 02.04.2015)

[2] Mwinyihija, Mwinyikione (2014): Emerging World Leather Trends and Continental Shifts on Leather and Leather goods Production. Leather and Leather Products Institute (LLPI-COMESA), Ethiopia. Vol. 1 (1), pp. 01-13

[3] Lederwarenbranche: Durchwachsenes Jahr. Textilwirtschaft online vom 02.03.2015 http://www.textilwirtschaft.de/business/Lederwarenbranche-Durchwachsenes-Jahr_96095.html?a=1 (abgerufen am 02.04.2015)

[4] Das große Leiden für unser Leder, Kassensturz vom 17.12.2014, SRF www.srf.ch/konsum/themen/konsum/das-grosse-leiden-fuer-unser-leder (abgerufen am 04.05.2015)

[5] Ministry of Agriculture, Government of India: Main features of legislations enacted by the States / UTs on cow slaughter, Annex II (8), Paragraph 17.4: http://dahd.nic.in/ch2/an2.8.htm (abgerufen am 04.05.2015)

[6] Veganblog.de/2014/02/27/lederschuhe-sollen-aus-indischen-schulen-verschwinden (abgerufen am 04.05.2015)

[7] leder.peta.de (abgerufen am 04.05.2015)

[8] Leatherbiz: China's new wastewater standards could force 45% of tanneries there out of business. http://leatherbiz.com/fullitem.aspx?id=133485 (abgerufen am 04.05.2015)

[9] BfR (2007): Chrom (VI) in Lederbekleidung und Schuhen problematisch für Allergiker! www.bfr.bund.de/de/presseinformation/2007/10/chrom__vi__in_lederbekleidung_und_schuhen_problematisch_fuer_allergiker_-9570.html (Abgerufen am 05.05.2015)

[10] PETA.de/die-neuen-smart-modelle-fortwo-und-forfour-mit-komplett-lederfreier

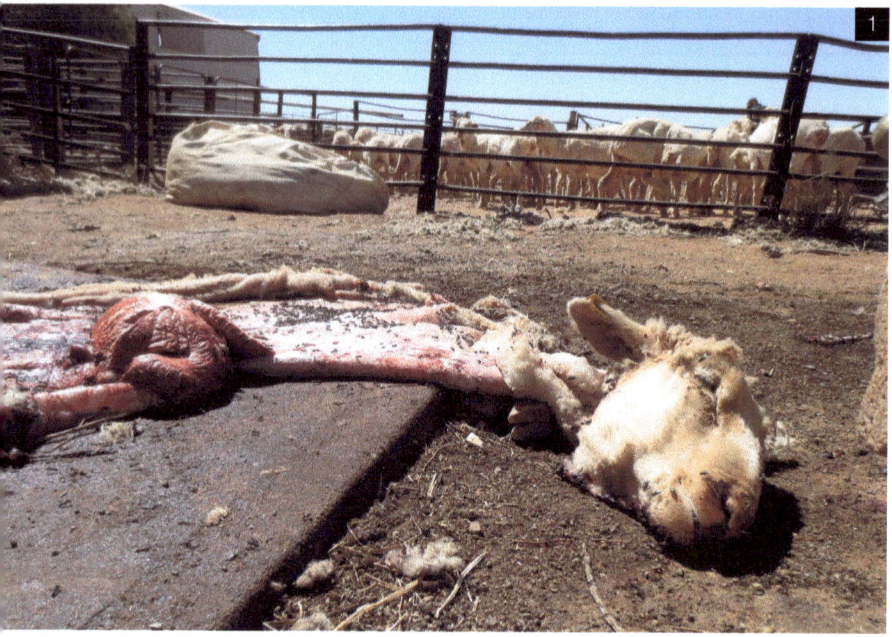

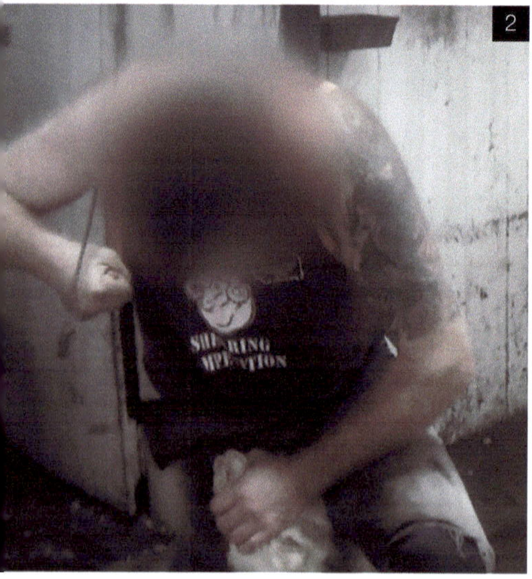

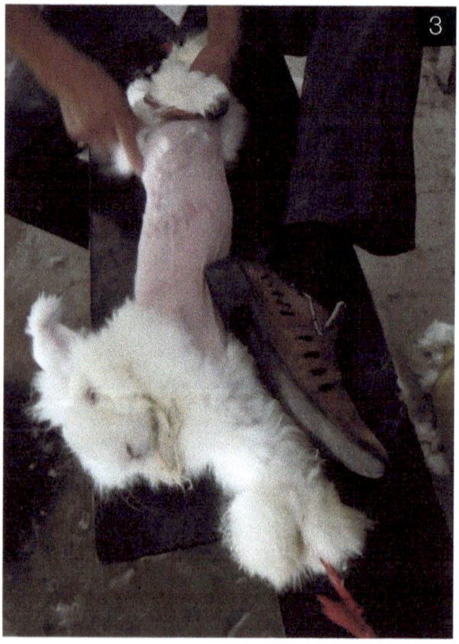

1 | Verletzte Schafe mit wenig Wollertrag wurden auf australischen Farmen vor den Augen ihrer Artgenossen erschossen oder sogar geschlachtet. © PETA USA **2** | Viele Arbeiter in australischen Schurställen schlugen unruhige Schafe während der Schur. © PETA USA **3** | In China werden Angorakaninchen unter extremen Schmerzenschreien lebendig gerupft. © PETA Asien

WOLLPRODUKTION UND MULESING
DAS BLUTIGE GEMETZEL

Eine internationale Undercover-Recherche von PETA USA deckte 2014 auf, dass Arbeiter in den USA und in Australien, dem weltgrößten Exportland für Wolle, Schafe während der Schur schlugen, traten, herumwarfen, auf ihnen herumtrampelten, sie verstümmelten und sogar töteten. Verletzte und unprofitable Schafe wurden vor den Augen ihrer Artgenossen erschossen und sogar geschlachtet. Die Ermittler besuchten über mehrere Monate stichprobenartig 19 verschiedene Schurställe in Australien und 14 Farmen in den USA.[1] Heutzutage scheren spezialisierte Schurdienstleister die Mehrheit der Schafe in Australien. Allein „Down Under" beobachteten die PETA USA-Ermittler 70 Arbeiter, die für neun verschiedene Schurdienstleister Schafe in den Bundesstaaten Victoria und New South Wales – Australiens top-wollproduzierende Staaten – und South Australien quälten. Pro Jahr können diese Arbeiter bis zu 4 Millionen Schafe scheren. Die Scherer werden dabei häufig nach Anzahl der geschorenen Schafe bezahlt, die Schur eines Schafes dauert im Schnitt nur 2 Minuten. Dies führt zu schneller, gewalttätiger Arbeit und kann zu schlimmen Schnittverletzungen an den Körpern der Schafe führen – auch am Penis, den Ohren oder im Gesicht. Klaffende Schnittverletzungen wurden betäubungslos mit Nadel und Faden zusammengenäht. Auch nach Deutschland gelangen Wollprodukte, die auf diese extrem tierquälerische Art gewonnen wurden.

Dass die Schur auch in Deutschland eine blutige Angelegenheit ist, entdeckten Ermittler von PETA auch auf der Baden Württembergischen Schafschurmeisterschaft in Heinstetten. PETA Deutschland stellte daher bei der Staatsanwaltschaft Hechingen Strafanzeige gegen den Landesschafzuchtverband Baden-Württemberg e.V. als Veranstalter des Wettbewerbs sowie gegen die 26 teilnehmenden Scherer wegen Verstößen gegen das Tierschutzgesetz. Neben den Schnittverletzungen waren die Schafe auf der Bühne zudem weiterer Belastung ausgesetzt: Während der Schurdurchgänge wurde extrem laute Musik abgespielt, hinzu kamen die lauten Durchsagen der Kommentatoren und das johlende Publikum mit Anfeuerungsrufen, was zu einem extremen Stresslevel bei den Tieren führt.[2] Im Modehandel distanziert sich bisher noch kein internationales Modeunternehmen deutlich von Wolle in Textilien, obwohl PETA alle führenden Bekleidungsunternehmen und -händler auf die internationalen systemimmanenten Missstände bei der Schur aufmerksam gemacht hat. Nach öffentlichen Protesten von PETA-Unterstützern vor Filialen von Karstadt und Breuninger blieben nachvollziehbare Schritte zu mehr veganen Fasern bisher aus. Im Fast-Fashion-Sektor dominieren heutzutage jedoch bereits günstige und belastbare Kunstfasern, die nach Schätzungen von Lenzing mit über 62 Prozent den globalen Fasermarkt dominieren, gefolgt von Baumwolle mit knapp 30 Prozent, während Wolle nur noch einen Anteil von 1,3 Prozent ausmacht.[3]

Beim sogenannten Mulesing werden Lämmern in Australien große Fleischstücke vom Hintern weggeschnitten, dies enthüllte PETA USA durch eine Undercover-Ermittlung bereits 2007.[4] Trotz weltweiter Proteste von PETA wird diese Verstümmelung „Down Under“ zur Vorbeugung von Fliegenmadenbefall immer noch standardmäßig angewandt. Im Jahr 2014 wurde dieser schmerzhafte operative Eingriff immer noch an 94 Prozent der rund 75 Millionen Tiere durchgeführt.[5]

Viele ältere Schafe aus der Wollindustrie werden mit nachlassender Wollproduktion in den Nahen Osten zur Schlachtung transportiert. Der Lebendexport von Schafen ist mit über 16.000 toten Schafen im Jahr 2014 ein hoch umstrittenes Thema in Australien. Neben Lebendexportschiffen mit Kapazitäten bis zu 100.000 Schafen kommen auch Flugzeuge zum Einsatz. Auf der Reise nach Singapur starben 174 Schafe aufgrund mangelnder Belüftung im Frachtraum.[6] Animals Australia konnte 2014 nachweisen, wie australische Schafe in Kuwait und Jordanien unter illegalen Umständen außerhalb der genehmigten Exportlieferketten verkauft werden. Den Schafen wird in arabischen Ländern in der Regel ohne vorherige Betäubung die Kehle aufgeschnitten.[7]

PETA Deutschland und seine Schwesterorganisationen konnten im Jahr 2014 nach Enthüllung der tierquälerischen Behandlung von Angorakaninchen Ende 2013 weitere internationale und nationale Textilunternehmen von einem Verkaufsstopp für Angoraprodukte überzeugen, darunter beispielsweise C&A, Tom Tailor, Mexx, Peek & Cloppenburg, Hallhuber sowie die Einzelhändler Edeka, Lidl und Rewe, welche von Aktionsangeboten von Angora-Artikeln zukünftig absehen.[8] Im Luxusmodebereich ist – ähnlich wie bei Pelz – jedoch weiterhin Angorawolle noch im größeren Umfang in den Kollektionen der Designer vorhanden. Als Vorreiterin gilt hier Stella McCartney, die keine Angorawolle mehr für ihre Kreationen verwendet. Verbraucher können jedoch Mode mit Angoraanteil meist gut erkennen und meiden, denn dieser muss laut EU-Textilkennzeichnungsverordnung auf dem Etikett angegeben werden.[9]

Quellen:

[1] *wolle.peta.de*

[2] *www.peta.de/strafanzeige-nach-schafschur-meisterschaft-in-baden-wuerttemberg-peta*

[3] *www.lenzing.com/en/investors/equity-story/global-fiber-market.html*

[4] *PETA.de/Mulesing*

[5] *newmerino.com.au/wp/mulesing-statistics* ***(abgerufen am 11.05.2015)***

[6] *www.daff.gov.au/export/live-animals/livestock/regulatory-framework/compliance-investigations/investigations-mortalities?wasRedirectedByModule=true*

[7] *www.banliveexport.com/investigations*

[8] *PETA.de/Angora*

[9] ***VERORDNUNG (EU) Nr. 1007/2011 DES EUROPÄISCHEN PARLAMENTS UND DES RATES vom 27. September 2011 über die Bezeichnungen von Textilfasern und die damit zusammenhängende Etikettierung und Kennzeichnung der Faserzusammensetzung von Textilerzeugnissen und zur Aufhebung der Richtlinie 73/44/EWG des Rates und der Richtlinien 96/73/EG und 2008/121/EG des Europäischen Parlaments und des Rates, Anhang I, Tabelle I, Punkt 2:*** *http://eur-lex.europa.eu/legal-content/DE/TXT/?qid=1431353324824&uri=CELEX:32011R1007*

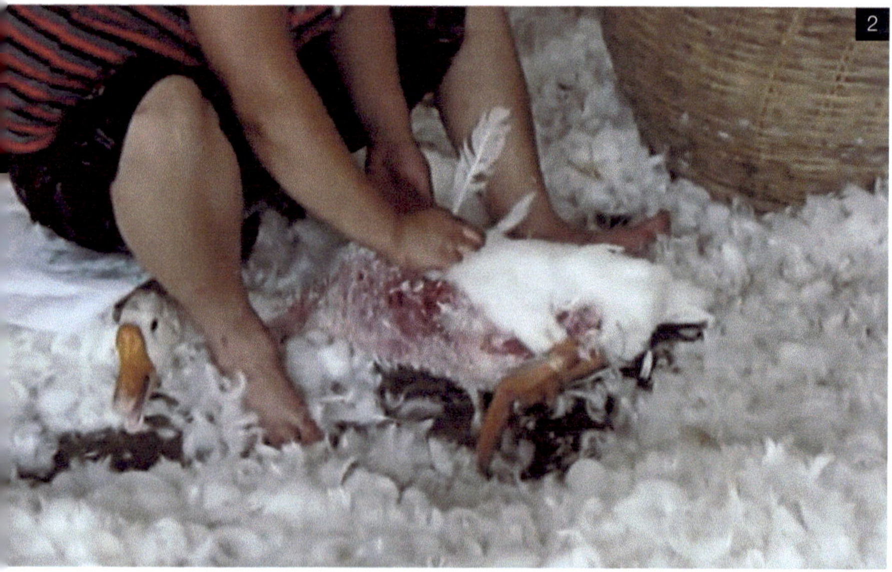

1 | Auf chinesischen Gänsefarmen werden die Tiere drei- bis viermal pro Jahr lebendig gerupft. © PETA Asien **2** | Durch den Lebendrupf erleiden die Gänse häufig blutige Hautverletzungen, die es Keimen und Viren erleichtern, schmerzhafte Entzündungen und Krankheiten auszulösen. © PETA Asien

DAUNEN
SCHLAF AUF TIERQUAL-PRODUKTEN

Die leichten und weichen Unterfedern von Gänsen und Enten kommen zumeist in Bettwaren und Outdoorjacken zum Einsatz. Deutschland importierte 2013 Daunen und Federn im Wert von 168 Millionen US-Dollar aus aller Welt – ursprünglich vor allem aus China, Polen, Ungarn, Niederlande und Frankreich.[1] Der schmerzhafte Lebendrupf von Gänsen bestimmte 2014 wieder die internationalen Schlagzeilen, als das italienische TV Magazin Report über die tierquälerischen Praktiken in Ungarn berichtete. Die Journalistin Sabrina Giannini war zusammen mit der deutschen Tierrechtsorganisation SOKO Tierschutz auf mehreren ungarischen Gänsefarmen unterwegs, auf denen Tieren bei vollem Bewusstsein ihre Federn und Daunen herausgerissen wurden. Die Daunen sollen auch für die Füllungen von Jacken der Luxusmarke Moncler verwendet werden, die auch in Deutschland mehrere Läden betreibt.[2] Videobilder vom Lebendrupf in Polen hatte SOKO Tierschutz bereits im Februar 2014 in einem TV-Beitrag für das SAT1-Magazin „Der große Warencheck" an die Öffentlichkeit gebracht. Daunen aus Lebendrupf wurden von Firmen aus Polen aufgekauft und an Kunden aus dem Bettwarenbereich weiterverkauft.[3] Aufgrund der fehlenden Rückverfolgbarkeit und Vermischung der Daunen aus vielen polnischen Farmen lässt sich Lebendrupf unmöglich ausschließen. Selbst Experten können gereinigte und aufbereitete gehandelte Daunen aus Lebendrupf nicht sicher von Daunen aus sogenanntem Schlachtrupf unterscheiden.

Zwar ist in der Europäischen Union seit 1999 offiziell der Lebendrupf verboten.[4, 5] Doch die zuständige Behörde European Food Safety Authority (EFSA) hat für die Geflügelindustrie das Schlupfloch des Rupfens während der Mauser der Vögel gelassen.[6] Seitens der EU gibt es aber trotz wiederholter Berichte von tierquälerischem Lebendrupf keine Maßnahmen, um diese Gesetzlücke zu schließen.

Eine weitere Problematik bleibt die Herkunft von Daunen aus der Stopfmast, bei der jedem Tier ein Stopfrohr in die Speiseröhre eingeführt und anschließend gekochter Mais mit Fett zwangsweise zugeführt wird. Insbesondere Graugänse, wie die in Frankreich am häufigsten vorkommende Tolouser Gans, sind betroffen.

Seitens der Outdoorindustrie haben Mammut, The North Face, Patagonia und Jack Wolfskin 2014 verkündet, zukünftig auf Daunen von Tieren aus Stopfmast und Lebendrupf zu verzichten. Unterstützt wird dieses Vorhaben von der Tierschutzorganisation Vier Pfoten.[7] Weitere Siegel wie der Responsible Down Standard (RDS) sollen Transparenz herstellen und Tierquälerei ausschließen. Tierrechtsorganisationen wie PETA begrüßen zwar strengere Kontrollen, zweifeln jedoch die Wirksamkeit von Audits an, die standardmäßig meist nur einmal pro Jahr durchgeführt werden, während die Gänse drei- bis viermal in 12 Monaten lebend gerupft werden können. Synthetische Füllungen wie Thermoball oder pflanzliche Kapokfasern sind tierfreie Alternativen.[8] Festzustellen ist, dass der weitaus wichtigere Bereich der Bettwaren von Bemühungen zu mehr Transparenz und Rückverfolgbarkeit noch meilenweit entfernt ist. Zum Vergleich: Nach einer Studie der European Outdoorgroup (EOG) von 2014 verwenden die größten teilnehmenden Branchenunternehmen für ihre Jacken unter einem Prozent der weltweiten Daunenproduktionen von aktuell 270.000 Tonnen.[9] Der Hauptteil der Daunenproduktion wird für die Befüllung von Bettwaren wie Kissen oder Decken eingesetzt. Die großen deutschen Bettwarenhersteller und Händler bleiben weiterhin den Nachweis schuldig, dass sie die Daunen überhaupt bis zur Gänsefarm in China oder Osteuropa zurückverfolgen können. Mit einfachen Selbstversicherungserklärungen von Lieferanten gegen Lebendrupf oder Stopfmast lassen sich unangekündigte Vorortkontrollen nicht ersetzen. Auch die Versprechen der eigenen Siegel der Bettwarenindustrie wie „Traumpass" erweisen sich ohne Rückverfolgbarkeit als wertlos.[10]

<u>Quellen:</u>

[1] *International Trade Centre (ITC) calculations based on UN COMTRADE statistics. HS-Code 0505 Feathers for stuffing and & down, Mirror Data* www.trademap.org

[2] *Sendung Report auf Rai3 vom 02.11.2014* www.report.rai.it/dl/Report/puntata/ContentItem-3e1844c1-87db-4948-b074-3715bb98e66a.html

[3] www.sat1.de/tv/der-grosse-waren-check/episoden/sendung-3-daunen-mandarinen-und-shampoos

[4] *Richtlinie 98/58/EG des Rates vom 20. Juli 1998 über den Schutz landwirtschaftlicher Nutztiere, Artikel 3*

[5] *RECOMMENDATION CONCERNING DOMESTIC GEESE (ANSER ANSER DOMESTICUS, ANSER CYGNOIDES F. DOMESTICUS) AND THEIR CROSSBREEDS, Articel 23 (3)* www.coe.int/t/e/legal_affairs/legal_co-operation/biological_safety_and_use_of_animals/farming/Rec%20geese.asp

[6] *European Food Safety Authority (2010): Scientific Opinion on the practice of harvesting (collecting) feathers from live geese for down production. EFSA Journal 2010; 8(11): 1886 [57 pp.].* www.efsa.europa.eu/en/efsajournal/pub/1886.htm

[7] *www.vier-pfoten.ch/de/news-press/pressearchiv-2/2014/top-outdoor-marken-wie-mammut-wollen-kuenftig-auf-daunen-von-tieren-aus-stopfmast-und-lebendrupf-verzichten-*

[8] ***SWR-Marktcheck vom 13.11.2014*** *www.swr.de/marktcheck/daunenjacken-test/lebendrupf-fuer-daunenfuellungen/-/id=100834/did=14286038/mpdid=14520568/nid=100834/fl1ui9/index.html*

[9] *www.europeanoutdoorgroup.com/news/new-insights-into-the-outdoor-down-market-now-available*

[10] *www.test.de/Bettdecken-im-Test-Kuschlig-warm-dank-Tierquaelerei-4622395-0*

1 | Noch immer werden Millionen Hühnern und Puten in Deutschland die empfindlichen Schnabelspitzen abgetrennt. © PETA USA **2 |** Bereits in den Ställen sterben Tausende Tiere qualvoll wegen Überzüchtung und Haltung. © Manfred Karremann **3 |** Diese Ente wird langsam verdursten, da sie durch die Zucht auf immer mehr Brustfleisch nicht mehr von selbst auf die Beine kommt. **4 |** Hohe Tierverluste werden von Anfang an einkalkuliert - das einzelne Leben zählt nicht.

ERNÄHRUNG

HÜHNER, PUTEN, ENTEN UND GÄNSE
MILLIONENFACHES LEIDEN IN DEUTSCHEN STÄLLEN

Weit über 700 Millionen Hühner, Puten, Enten und Gänse wurden alleine im Jahr 2014 in deutschen Schlachthäusern getötet.[1] Verdeckte Ermittlungen von Tierrechtsorganisationen in Deutschland zeigen immer wieder, wie die verschiedenen Vögel für Eier und Fleisch in den Zucht-, Lege- oder Mastbetrieben leben müssen.

Hühner leiden für Fleisch und Eier

Aufnahmen der Tierrechtsorganisation PETA Deutschland e.V. zeigten im Jahr 2014 die systemimmanente Tierquälerei in Hühnermastbetrieben. In einer umfangreichen Recherche deckten die PETA-Ermittler beispielsweise das Leid der Hühner in Rothkötter-Mastbetrieben auf. Die Bilder aus einem der umsatzstärksten Geflügelproduzenten Deutschlands zeigen tote und verletzte Tiere, die sich aufgrund des schnellen Wachstums und hohen Fleischansatzes oft kaum noch bewegen können. PETA hat bei den Staatsanwaltschaften Osnabrück und Oldenburg Strafanzeige gegen die Mastbetriebe erstattet.[2] Auch in anderen Mastbetrieben sieht es nicht besser aus: Das zeigen unter anderem verdeckte Ermittlungen im Plukon-Konzern, dessen Fleisch- und Wurstprodukte in Deutschland unter der bekannten Marke „Friki" vertrieben werden. Im Rahmen dieser Ermittlungen wurde neben den katastrophalen Haltungsbedingungen erstmals auch das brutale Ausstallen mit sogenannten Fangmaschinen dokumentiert.[3] Auch in niederländischen Betrieben von Plukon, deren Fleisch- und Wurstprodukte teilweise durch das FairMast-Siegel gekennzeichnet sind und damit mehr Tierwohl versprechen, wurden vor allem massive Verstöße bei der Ausstallung per Hand festgestellt. Mehrere Tiere wurden an den Füßen gepackt und kopfüber zu den Transportkisten getragen, in welche sie dann brutal hineingeworfen wurden. Diese Art des Ausstallens ist laut FairMast-Richtlinien verboten. Dies zeigt einmal mehr, dass sogenannte Tierwohllabel, wenn überhaupt, nur eine marginale Verbesserung für das Tier darstellen und somit eine reine Verbrauchertäuschung sind.[4] Dass Veterinärämter Tierquälerei im großen Stil oft dulden und so auch Kontrollen unwirksam werden, zeigte der Fall der Brüterei in Doberschwitz. Hier werden Elterntiere für spätere sogenannte Masthühner gehalten. Die viel zu hohen Mortalitätsraten von teilweise über 20 Prozent in diesem Betrieb sind schon vor Jahren in einer Kleinen Anfrage der Grünen aufgefallen und wurden durch Missstandsmeldungen an PETA Deutschland bestätigt. Zudem zeigte PETA auch das brutale Verladen der Tiere auf den Transportern beim dort zuständigen Veterinäramt an – bis heute macht die Brüterei weiter wie bisher, da die Ämter ihrer Pflicht offensichtlich nicht nachgehen.[5] Im April 2014 deckte Animal Equality in einer Recherche die Wahrheit hinter den Vorzeigehöfen und Biosiegeln der Eierindustrie auf. Die Aufnahmen zeigen, dass die Tierquälerei auch hier systembedingt stattfindet, da meist auch die alternativen Haltungsformen industrialisierten Massentierhaltungen gleichen.[6]

Ebenfalls im April veröffentlichen Journalisten einen Skandal um die Marke Neuland. Jahrelang soll ein Landwirt konventionell gehaltene Hühner unter dem Neuland-Siegel teurer verkauft haben. Eigentlich hätte der Betrug auch Neuland auffallen müssen, da der Landwirt mehr Tiere verkauft hat, als er überhaupt gehalten hat.[7] Dies zeigt einmal mehr, dass die angeblichen Kontrollen mehr Schein als Sein sind und dass oft an den richtigen Stellen weggeschaut wird, wenn es um viel Geld geht.

Noch immer werden den allermeisten Hühnern kurz nach dem Schlupf die empfindlichen Schnabelspitzen abgetrennt. Das Kupieren der Schnäbel wurde im Jahr 2014 erneut kritisch diskutiert, was unter anderem dazu geführt hat, dass sowohl einige Bundesländer als auch der „Verein für kontrollierte alternative Tierhaltungsformen“ (KAT) seine 2.500 Mitgliedsbetriebe darüber informierte, dass das Verbot des Kupieren der Schnäbel bei sogenannten Legehennen von 2017 an auch für sie alle gelten werde.[8]

Puten – eine vollindustrialisierte Produktion

Im Februar 2014 bringt PETA Deutschland e.V. Aufnahmen ans Licht, die das Leid der Puten in den sogenannten Elterntierfarmen aufdecken. Wie ihre Nachkommen in der Mast auch werden die Elterntiere auf engstem Raum in ihren eigenen Exkrementen gehalten. Die späteren Hochleistungshybriden sind auf immer mehr Gewicht und rasantes Wachstum gezüchtet. Muskeln und Skelett kommen mit dem schnellen Wachstum nicht mit. Beinschwächen, Skelettveränderungen und Herz-Kreislauf-Probleme sind die Folge. Diese Zuchtmerkmale werden von den Elterntieren vererbt und dadurch ist das Leiden ihrer Nachkommen vorprogrammiert. Somit handelt es sich um eine Qualzucht, die nicht mit dem Tierschutzgesetz vereinbar ist und verboten sein sollte. Da sich die Puten aufgrund der starken Überzüchtung nicht mehr auf natürlichem Wege fortpflanzen können, wird in den sogenannten Elterntierfarmen den Hähnen regelmäßig Samen abgezapft, verdünnt und den Hennen manuell in die Kloake injiziert.[9] Dabei gehen die Arbeiter sehr brutal mit den Tieren um, wie Aufnahmen der Tierrechtsorganisation Animal Rights Watch (ARIWA) aus den Betrieben des Putenvermehrers „Moorgut Kratzfehn" vom Mai 2014 beweisen. Die Videos von ARIWA zeigen Puten, die mit den Füßen getreten und durch den Raum geschleudert werden und offensichtlich traumatisierte Tiere mit offenen Wunden.[10] Das entbehrungsreiche Leben einer Pute zeigt 2014 auch SOKO Tierschutz mit verdeckten Ermittlungen in den Mastbetrieben von Hubert Landhendl. Die Aufnahmen zeigen kranke, verletzte und verstümmelte Puten. Außerdem dokumentierte das Team von SOKO Tierschutz, wie verletzte Puten bei vollem Bewusstsein aufgeschlitzt und geschlachtet wurden. Im Stall wurden schwache und kranke Tiere brutal niedergeknüppelt und teilweise noch lebendig in den Müll geworfen.[11]

2014 sind erste Strafbefehle gegen Ausstaller im von PETA 2013 enthüllten Heidemark-Komplex beantragt worden. PETA-Ermittler konnten wiederholt bei mehreren Putenmastbetrieben des Heidemark-Konzerns den brutalen Umgang mit Puten dokumentieren, die zum Abtransport in den Heidemark-Schlachthof Ahlhorn zur Ausstallung gebracht wurden. Solche und ähnliche Ausstallungspraktiken bei anderen Agrarunternehmen wurden wiederholt von Veterinärbehörden und auch dem Niedersächsischen Landesamt für Verbraucherschutz und Lebensmittelsicherheit (LAVES) als nicht vereinbar mit den tierschutzrechtlichen Bestimmungen begutachtet.[12]

Bislang gibt es noch immer keine gesetzlichen Haltungsverordnungen, die wenigstens die minimalsten Anforderungen zur Haltung von Puten verbindlich regeln.

Enten und Gänse – Wasservögel ohne Wasser

Ähnlich wie bei Puten gibt es auch bei Enten und Gänsen keine gesetzlich vorgeschriebenen und verpflichtenden Haltungsverordnungen, die wenigstens den Minimalstandard definieren und worauf sich beispielsweise Tierrechtsorganisationen in Anzeigen berufen könnten. Unter anderem deshalb haben die meisten Enten und Gänse in der Zucht und Mast keine Bademöglichkeit, was dem Wohlbefinden der sensiblen Wasservögel stark zusetzt. Eine 2014 durchgeführte Recherche von Animal Equality zeigt, was Enten in der Mast noch erleiden müssen: Zu Tausenden eingepfercht, ohne Rückzugsmöglichkeiten, sehen sie niemals das Tageslicht und können in keinster Weise ihre natürlichen Verhaltensweisen ausleben. Zudem wurden die Tiere geschlagen und getreten, und durch die Zucht auf immer mehr Fleisch fallen die Tiere häufig auf den Rücken und verdursten, da sie nicht mehr in der Lage sind, selbstständig auf die Beine zu kommen.[13]

Quellen:

[1] *Spiegel online: „8,2 Millionen Tonnen: Deutsche Schlachthöfe produzierten so viel Fleisch wie nie". (Stand: 11.02.2015)* www.spiegel.de/wirtschaft/service/fleisch-und-schlachtung-schlachthoefe-produzieren-rekordmenge-a-1017951.html *(abgerufen am 27.04.2015)*

[2] *PETA Deutschland e.V.: „Die alltägliche Tierquälerei in der Hähnchenmast". (Stand: September 2014)* PETA.de/Rothkoetter *(abgerufen am 27.04.2015)*

[3] *PETA Deutschland e.V.: „Plukon: So leiden Hühner tagtäglich in deutschen Mastanlagen". (Stand: November 2014)* PETA.de/Plukon-so-leiden-huehner-tagtaeglich-in-deutschen-mastanlagen *(abgerufen am 27.04.2015)*

[4] *PETA Deutschland e.V.: „Das tierquälerische Gesicht hinter dem Werbeslogan ‚Tierschutzlabel' – FairMast". (Stand: September 2014)* PETA.de/Fairmast *(abgerufen am 27.04.2015)*

[5] *PETA Deutschland e.V.: „Duldet Veterinäramt Tierquälerei in einer Brüterei in Doberschwitz?" (Stand: September 2014).* PETA.de/brueterei-doberschwitz-tierqual-unter-dem-deckmantel-des-veterinaeramtes *(abgerufen am 27.04.2015)*

[6] *Animal Equality: „Die Wahrheit hinter den Vorzeigehöfen und Biosiegeln der Eierindustrie". (Stand: April 2014)* www.animalequality.de/neuigkeiten/vorzeigehoefe-und-biosiegel-der-eierindustrie *(abgerufen am 27.04.2015)*

[7] *ZEIT online: „Der Betrug am guten Gewissen". (Stand: 16.04.2014)* www.zeit.de/2014/17/neuland-gefluegel-massentierhaltung *(abgerufen am 28.04.2015)*

[8] *SZ.de: „Revolution im Hühnerstall". (Stand: 28.07.2014)* www.sueddeutsche.de/wissen/schnabelkuerzen-von-legehennen-revolution-im-huehnerstall-1.2066640 *(abgerufen am 28.04.2015)*

[9] *PETA Deutschland e.V.: „Puten-Qual: PETA deckt Missstände in Elterntierfarmen auf". (Stand: Februar 2014)* PETA.de/Elterntierfarm *(abgerufen am 27.04.2015)*

[10] *ARIWA, Animal Rights Watch: „Putenvermehrer wälzt Verantwortung auf Angestellte ab". (Stand: Mai 2014)* www.ariwa.org/aktivitaeten/aufgedeckt/recherchearchiv/762-putenvermehrer-waelzt-

verantwortung-auf-angestellte-ab.html (abgerufen am 27.04.2015)

[11] SOKO Tierschutz: „HUBERS LANDHENDL – Operation „Böser Nachbar". www.soko-tierschutz.org/de/hubers-landhendl.html (abgerufen am 27.04.2015)

[12] PETA Deutschland e.V.: Der Heidemark-Skandal: http://action.peta.de/ea-action/action?ea.client.id=44&ea.campaign.id=20905&ea.tracking.id=8005d19e (abgerufen am 28.04.2015)

[13] Animal Equality: „Die Qual der Weihnachtsente: Eine neue Recherche von Animal Equality". (Stand: Dezember 2014) www.animalequality.de/die-qual-der-weihnachtsente (abgerufen am 27.04.2015)

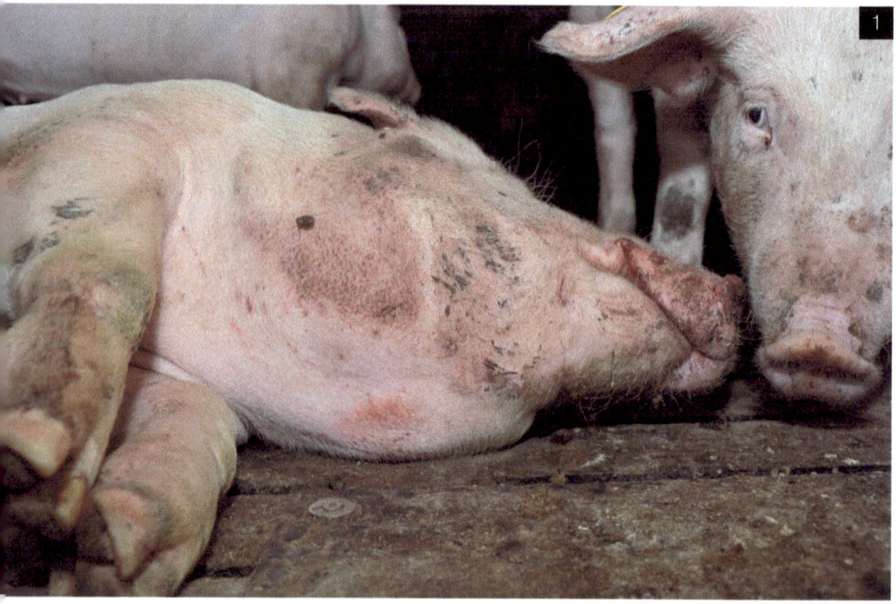

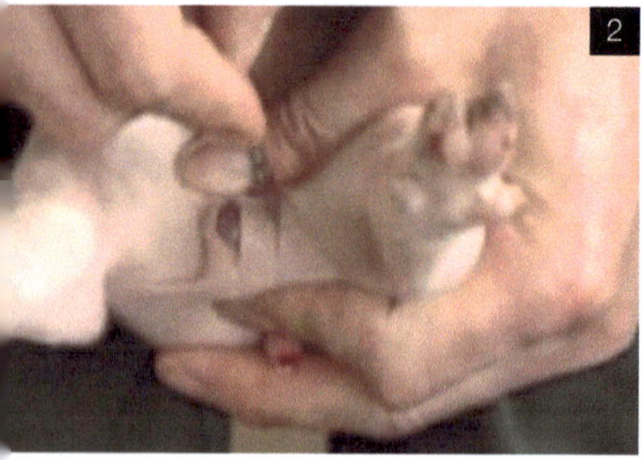

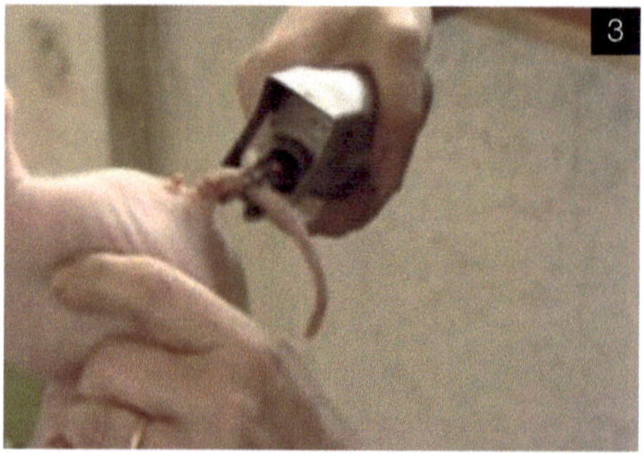

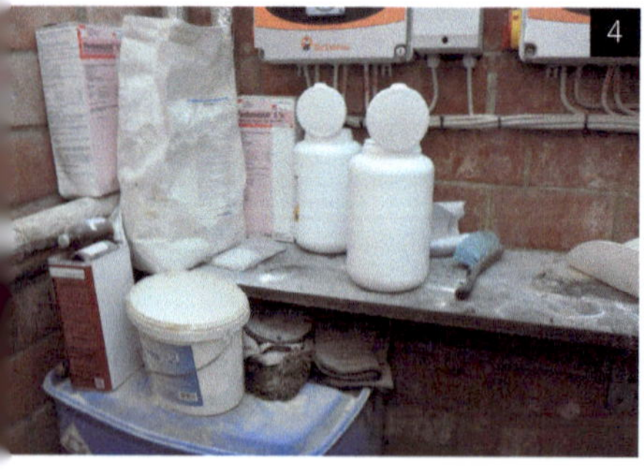

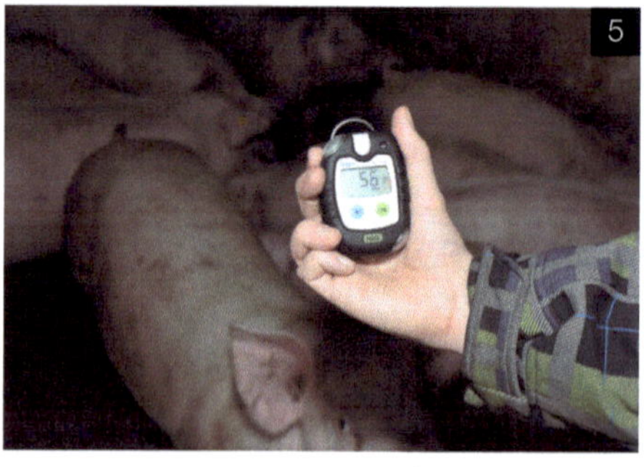

1 | Tote Tiere, die zwischen den Artgenossen liegen, sind keine Seltenheit. **2** | Meist ohne Betäubung werden den männlichen Ferkeln unter großen Schmerzen die Hodensäcke herausgeschnitten. **3** | Ebenfalls ohne Betäubung werden fast allen Ferkeln die empfindlichen Ringelschwänze abgeschnitten. **4** | Auch in der Schweinehaltung werden massenweise Medikamente eingesetzt, weshalb sich immer mehr resistente Keime bilden. **5** | Schmutzige Ställe mit hohen Ammoniakwerten in der Luft sind die Regel und keine Ausnahme - kranke Tiere sind die Folge.

SCHWEINEPRODUKTION
EIN UNWÜRDIGES LEBEN IN DER ZUCHT UND MAST

Ferkelaufzucht: Vorzeigebetrieb als Augiasstall enttarnt

Eine Recherche, die PETA Deutschland e.V. in Zusammenarbeit mit animals e.V. im Februar 2014 veröffentlichte, zeigt die Realität in der Ferkelaufzuchtbranche.

In dem Betrieb in Welver werden die Ferkel in engen Buchten auf Spaltenböden gehalten. Die hygienischen Zustände waren katastrophal und viele Tiere krank. Zahlreiche Ferkel hatten unbehandelte Nabelbrüche, Kastrationsvorfälle, Mastdarmvorfälle und große Abszesse. Sterbende und schwache Schweine mit Augenverletzungen und Hautpilzbefall lagen in den Buchten; tote Ferkel mitten auf dem Gang. Sämtliche Ferkel hatten kupierte Schwänze, was seit 2011 laut Erlass des NRW-Umweltministeriums nur noch in Einzelfällen erlaubt ist – aber in der gesamten Branche routinemäßig durchgeführt wird.

Einige Spaltenböden und das darunterliegende Kotbecken waren so verstopft, dass die Exkremente der Tiere nicht abflossen. Es wimmelte von Fliegenmaden. Viele Tiere husteten aufgrund des Ammoniakgehalts in der Luft. Die ErmittlerInnen dokumentierten im Rahmen mehrerer Prüfungen des Betriebes außerdem sechs verschiedene Antibiotika-Präparate sowie weitere Medikamente, die im Vorraum der unverschlossenen Anlage offen abgestellt waren. Außerdem fanden die Ermittler ein im Genitalbereich aufgeschlitztes totes Ferkel, für dessen Verletzung es keine tierärztliche Begründung zu geben scheint.

Unterlagen aus dem Vorraum der Anlage belegen eine Geschäftsverbindung zur Viehverkaufsgenossenschaft Geseke eG und zur Viehhandlung Brockmann GmbH & Co. KG. Diese wirbt auf ihrer Website mit dem Versprechen: „Alle unsere Ferkelerzeuger sind QS-zertifiziert“. Ein Zertifikat, das Sicherheit und Qualität in den Mastbetrieben garantieren soll. Diese Recherche beweist genau das Gegenteil: Es herrschen unhygienische Zustände, die Tiere sind krank, sterben, erhalten verschiedenste Antibiotika-Präparate und leiden ihr kurzes Leben lang unsägliche Qualen.

Und die Augenwischerei der Fleischindustrie geht noch weiter. Der Westfälisch-Lippische Landwirtschaftsverband e.V., der u. a. Mäster im Kreis Soest vertritt, versucht, dem Verbraucher mithilfe von Werbevideos

zu suggerieren, dass die Tiere in den Mastbetrieben zufrieden und die Zustände hygienisch seien. Unerwähnt bleibt zudem, dass die Ferkel ihren Müttern schon nach wenigen Wochen weggenommen, ihnen in den ersten Lebenstagen die Schwänze abgeschnitten, die Zähne gekappt und die männlichen Tiere kastriert werden – alles ohne Betäubung. Alles legal. In einem Artikel in der Tiergesundheit werden der Betrieb in Welver und die betreuende Tierärztin außerdem noch für ihr gutes Gesundheitsmanagement der Ferkel gelobt – ein Hohn in Anbetracht der Aufnahmen.
PETA Deutschland e.V. meldete die dokumentierten skandalösen Zustände dem Veterinäramt und erstattete Strafanzeige gegen die Verantwortlichen bei der Staatsanwaltschaft.[1]

Auch andere Organisationen, wie Animal Rights Watch, das Deutsche Tierschutzbüro oder Animal Equality, deckten im Jahr 2014 ebenso grausame Missstände in deutschen Ferkelaufzuchten und Schweinemastställen auf.[2, 3, 4]

Quellen:

[1] PETA: „Ferkelaufzucht in NRW – die Werbemittel der Fleischindustrie und die grausame Realität". (Februar 2014) PETA.de/FerkelaufzuchtNRW *(abgerufen am 05.02.2015). Das Verfahren wurde Anfang 2015 gegen Zahlung einer Geldbuße in Höhe von 4000 Euro nach § 153 a StPO eingestellt."*

[2] Deutsches Tierschutzbüro: „Schweine für den Mülleimer – Video anschauen!" (November 2014) www.tierschutzbuero.de/schweine-fuer-den-muelleimer *(abgerufen am 06.02.2015)*

[3] Animal Rights Watch (ARIWA): „Katastrophale Zustände in der Schweinemast". (November 2014) www.ariwa.org/aktivitaeten/aufgedeckt/recherchearchiv/819-grausame-schweinemast.html *(abgerufen am 06.02.2015)*

[4] Animal Equality: „Edeka Gutfleisch – Die Wahrheit hinter dem Transparenzlabel". (August 2014) www.animalequality.de/neuigkeiten/gutfleisch-recherche

Schweinezucht – umfangreiche Recherchen decken systematische Tierquälerei auf

Die Tierrechtsorganisation Animal Rights Watch (ARIWA) und SOKO Tierschutz veröffentlichten im Juli 2014 umfangreiche Recherchen aus zehn deutschen Schweinezuchtbetrieben in Sachsen, Sachsen-Anhalt, Brandenburg und Mecklenburg-Vorpommern. Diese Aufnahmen belegen, dass die sowieso schon tierquälerischen Vorgaben in der Tierschutznutztierhaltungsverordnung in der Praxis noch unterschritten und diese Missachtung seitens der Politik und vieler Amtsveterinäre geduldet wird. Es wurden viel zu enge Kastenstände und Abferkelbuchten dokumentiert, so dass die Säue beim Ablegen nicht einmal ihre Gliedmaßen austrecken konnten. Des Weiteren wurde der brutale Umgang mit neugeborenen Ferkeln gefilmt: ArbeiterInnen zählen im Vorbeigehen die Wurfgröße und greifen überzählige oder schwächere Tiere an den Hinterbeinen heraus und schleudern sie gegen die Wände oder den Boden, bis diese tot zu sein scheinen. Danach werden die Ferkel in die Kadavertonnen geschleudert – egal ob tot oder noch am Leben.[1, 2]

Daraufhin forderte die Bundestierärztekammer in einer Stellungnahme ein Stopp dieser tierschutzwidrigen Praxis und eine Abkehr vom züchterischen Ziel, große Würfe um jeden Preis zu produzieren.[3, 4] Der Deutsche Bauernverband distanzierte sich zwar von diesen illegalen Tötungen, spielte die Aufnahmen jedoch als Einzelfälle herunter.[3, 5] Die Landwirtschaftsministerien in Niedersachen, Nordrhein-Westfahlen, Thüringen, Hessen, Mecklenburg-Vorpommern und Sachsen-Anhalt sprachen daraufhin Erlässe gegen die Ferkeltötung aus. Sachsen-Anhalt beschloss zudem, dass Kastenstände mindestens so breit sein müssen, wie die maximale Höhe des Schweines im Stehen beträgt, und dass Sauen, bei denen die Besamung nicht erfolgreich war, vor einer erneuten Besamung eine angemessene Zeit außerhalb des Kastenstandes gehalten werden müssen.[6] Die Staatsanwaltschaften reagierten mit Hausdurchsuchungen und Ermittlungsverfahren.[6]

Quellen:

[1] *Animal Rights Watch (ARIWA): „Totschlagen kleiner Ferkel ist Standard: Umfangreiche Filmrecherche beweist grausamen Alltag in der deutschen Schweinezucht". (Juli 2014)* www.ariwa.org/aktivitaeten/aufgedeckt/recherchearchiv/782-totschlagen-kleiner-ferkel-ist-standard.html *(abgerufen am 05.02.2015)*

[2] *SOKO Tierschutz: „Schweinezucht Aufdeckung bei ARD Exclusiv". (Juli 2014)* www.soko-tierschutz.org/en/news-2/274-beitrag-ard-ferkelfabriken.html *(abgerufen am 06.02.2015)*

[3] *Animal Rights Watsch (ARIWA): „Illegale Ferkeltötung in deutschen Schweinezuchten: Nur der Gipfel des alltäglichen Tierleids". (Juli 2014)* www.ariwa.org/aktivitaeten/aufgedeckt/recherchearchiv/789-illegale-ferkeltoetung-in-deutschen-schweinezuchten.html *(abgerufen am 05.02.2015)*

[4] *Presseinformation der Bundestierärztekammer: „Schluss mit den unnötigen Ferkeltötungen!" (Juli 2014)* www.bundestieraerztekammer.de/downloads/btk/presse/2014/PM_16_14_Ferkel.pdf *(abgerufen am 05.02.2015)*

[5] *Proplanta: „Bauernverband: Tierschutzgesetz muss eingehalten werden". (Juli 2014)* www.proplanta.de/Agrar-Nachrichten/Agrarpolitik/Bauernverband-Tierschutzgesetz-

muss-eingehalten-werden_article1405508554.html (abgerufen am 05.02.2015)

[6] *Animal Rights Watch (ARIWA): „Erschlagene Ferkel – die Reaktionen“. www.ariwa.org/aktivitaeten/aufgedeckt/recherchearchiv/796-erschlagene-ferkel-die-reaktionen.html (abgerufen am 05.02.2015)*

Verbandsklagerecht gegen Haltung von Sauen in zu engen Kastenständen nutzen: Gesetzesverstöße an der Tagesordnung

Animal Rights Watch (ARIWA) will in Deutschland erstmals vom Verbandsklagerecht Gebrauch machen, um gerichtlich gegen die viel zu engen und damit gesetzeswidrigen Kastenstände vorzugehen.[1] Unterstützt wird ARIWA von der Albert Schweitzer Stiftung für unsere Mitwelt sowie der Erna-Graff-Stiftung für Tierschutz. Der Kreis Steinfurt reagiert und will den Sachverhalt in einem Konsensgespräch klären. Dem voraus ging eine Recherche in sieben Ferkelproduktionsanlagen in sechs Landkreisen Nordrhein-Westfalens mit tierschutzwidriger Haltung von Zuchtsauen in zu engen Kastenständen.

Quelle:

[1] *Animal Rights Watch (ARIWA): „Tierquälerische Kastenstand-Haltung vor dem Aus?“ (November 2014). www.ariwa.org/aktivitaeten/aufgedeckt/recherchearchiv/818-kastenstandhaltung.html (abgerufen am 06.02.2015)*

Durchbruch für intakte Ringelschwänze

Eigentlich wurde das präventive Kupieren von Ringelschwänzen bei Ferkeln durch die EU-Richtlinie zum Schutz der Schweine (2008/120/EG) verboten. Die Richtlinie besagt ausdrücklich, dass dieser Eingriff nur als Ausnahme erlaubt ist. In der Praxis wird allerdings so gut wie allen Ferkeln in den ersten Lebenstagen das hintere Ende des Ringelschwanzes ohne Betäubung abgeschnitten. PROVIEH klagte bereits 2009 in Brüssel gegen diesen routinemäßigen Gesetzesverstoß, und im Laufe des Jahres 2014 beschlossen drei Landesregierungen, Niedersachsen, Nordrhein-Westfahlen und Schleswig Holstein, den Verzicht auf das routinemäßige Schwanzkupieren beim Schwein bis 2016 bzw. 2017. Im Zuge dessen wurde in Niedersachsen die sogenannte Ringelschwanzprämie eingeführt, welche Landwirten Kosten erstattet, die durch den Verzicht auf das Ringelschwanzkupieren anfallen (beispielsweise Raufutter). Durch den Verzicht auf das Kupieren der Ringelschwänze ändert sich nicht automatisch das alltägliche Leid der Schweine in deutschen Zucht- und Mastställen.

Quelle:

PROVIEH: „Kampagnenrückblick 2014: PROVIEH feiert Durchbruch für intakte Ringelschwänze" (Dezember 2014). www.provieh.de/kampagnenrueckblick-2014-provieh-feiert-durchbruch-fuer-intakte-ringelschwaenze (abgerufen am 06.02.2015)

Tierhalteverbot für Straathof – ein wegweisender Schritt

Der Niederländer Adrianus Straathof gilt als einer der größten Schweinezüchter Europas. Über Jahre hinweg fiel er durch seine vielzähligen Rechtsverstöße auf. Jahrelang schauten Ämter und Politik zu, bis die ersten Auflagen und Geldbußen ausgesprochen wurden. 2013 folgte dann die erste Strafanzeige wegen Tierquälerei. Aber erst die im März 2014 durchgeführte Großrazzia in der Schweinezuchtanlage in Gladau zog ernsthafte Konsequenzen für Straathof nach sich. Im Dezember 2014 wurde den Anwälten von Straathof der amtliche Bescheid über ein „Tierhaltungs- und Betreuungsverbot" zugestellt. Dieses Verbot ging vom Landkreis Jerichower Land aus und gilt für Straathof persönlich sowie bundesweit. Es betrifft also sämtliche Betriebe, in denen er Geschäftsführer ist oder als Eigentümer Einfluss auf die Tierhaltung hat.[1, 2]

Quellen:

[1] *Stern online: „Tierhaltungsverbot für Schweinebaron Straathof / Erste Behörde macht Schluss mit der Sauerei". (Dezember 2014) www.stern.de/wirtschaft/news/aus-fuer-schweine-baron-adrianus-straathof-erste-behoerde-macht-schluss-mit-der-sauerei-2158803.html (abgerufen am 06.02.2015)*

[2] *Im Frühjahr 2015 hob das Oberverwaltungsgericht Magdeburg in einem Eilverfahren das Berufsverbot wieder auf: www.proplanta.de/Agrar-Nachrichten/Agrarwirtschaft/Schweinezuechter-Straathof-darf-weitermachen_article1429272056.html*

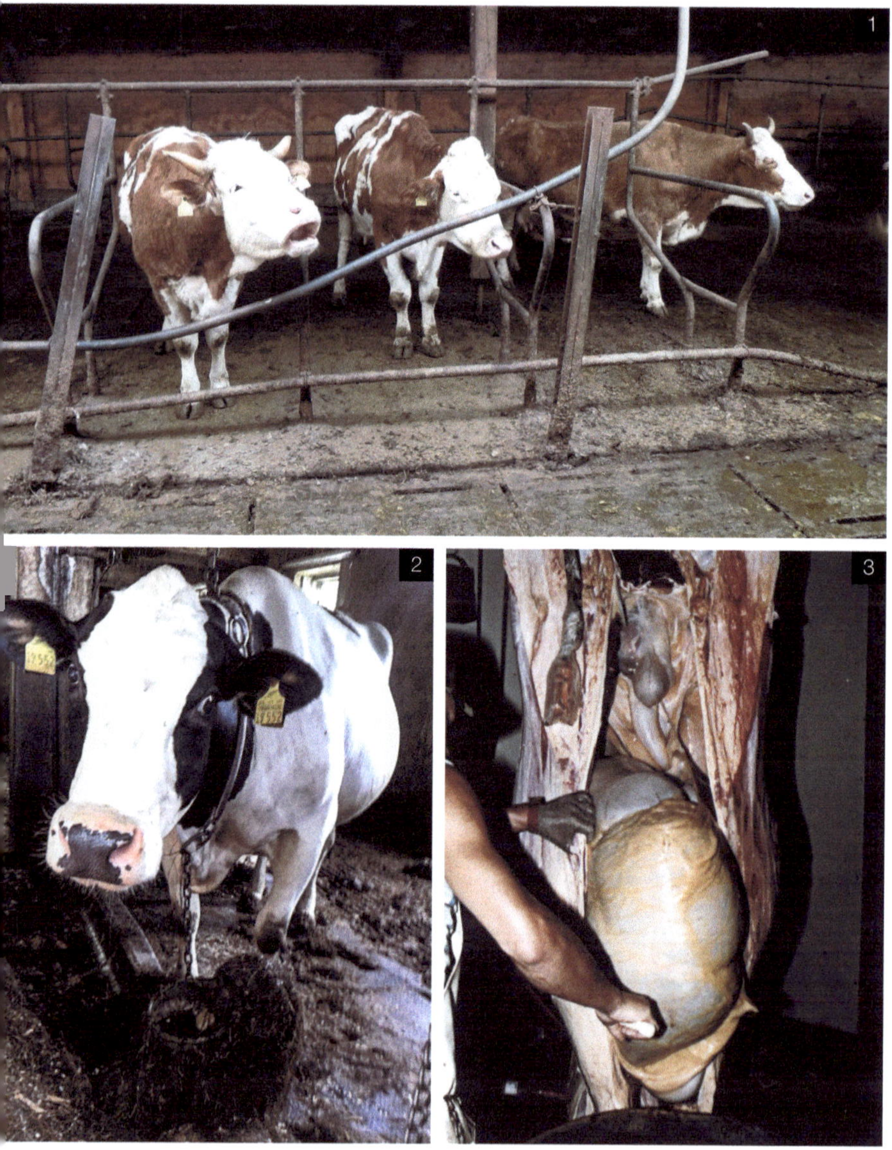

1 | Die meisten Rinder stehen in ihrem Leben nie auf einer grünen Wiese, sondern dauerhaft im Stall. **2** | Die Anbindehaltung ist gerade in kleinen Betrieben noch weit verbreitet. Die Kühe können sich meist ihr Leben lang nicht einmal umdrehen. **3** | Egal ob für Milch oder Fleisch, irgendwann wird jedes Rind im Schlachthaus getötet. Nicht selten sind die Tiere schwanger und das ungeborene Kalb erstickt langsam im Mutterleib. © PETA USA

RINDER
FEHLENDE GESETZE BEDEUTEN NOCH GRÖSSERES TIERLEID

In der Tierschutznutztierhaltungsverordnung sind lediglich Minimalanforderungen zur Haltung von unter sechs Monate alten Kälbern geregelt.[1] Bei älteren Rindern gilt alleine das Tierschutzgesetz mit allgemeinen und ebenfalls minimalen Anforderungen.[2] Es ist unter anderem erlaubt, die Tiere ganzjährig angebunden im Stall zu halten. Ein Gesetz würde zwar nicht zu einer leidfreien Haltung führen, es wäre aber eine Basis vorhanden, nach welcher Strafanzeigen oder Ähnliches zum Schutz der Rinder greifen könnten.

Aufgrund einer Ermittlung in Rinderhaltungen eines Landwirts im Landkreis Euskirchen konnte PETA aufgrund einer Anzeige und der Übermittlung der Beweismaterialien 2014 einen Bußgeldbescheid gegen diesen Landwirt in Höhe von 1000 Euro erwirken. Der Landkreis monierte mehrere Verstöße gegen die Tierschutznutztierhaltungsverordnung, u.a. eine nicht zulässige ständige Anbindehaltung, kein ständig verfügbares Wasser, ungenügende Futterzufuhr und nicht ausreichendes Tageslicht.[3]

Zudem hat PETA Anzeige gegen eine Transportfirma erstattet, welche einen ausgebrochenen Stier brutal und unter großen Schmerzen auf einen Anhänger verladen wollte. Die Mitwirkung der Bevölkerung wird immer wichtiger bei solchen und ähnlichen offensichtlichen Tierquälereien.[4]

Eine weitere Gesetzeslücke besteht beim Töten von schwangeren Tieren im Schlachthaus. Der leidensfähige Fötus im Mutterleib ist durch kein Gesetz geschützt. Einer Studie zufolge ersticken 180.000 Kälber im Leib ihrer Mütter, da diese bei der Schlachtung betäubt werden, die Betäubung aber keinerlei Einfluss auf das ungeborene Kalb hat.[5] PETA Deutschland hat daraufhin die Landwirtschaftsminister der Bundesländer in einem Schreiben und einer Petition aufgefordert, diese Gesetzeslücke schnell zu schließen und alle Tiere in jedem Schwangerschaftsstadium einzuschließen.[6] Im Dezember 2014 reagierte Schleswig Holstein unter Minister Habeck als erstes Land mit einem Landeskodex gegen das Schlachten von Kühen im letzten Schwangerschaftsdrittel – weitere Bundesländer wollen sich anschließen.[7]

Quellen:

[1] Bundesministerium der Justiz und für Verbraucherschutz: „Tierschutz-Nutztierhaltungsverordnung: Abschnitt 2 – Anforderungen an das Halten von Kälbern". (25.10.2001) www.gesetze-im-internet.de/tierschnutztv/BJNR275800001.html#BJNR275800001BJNG000201377 (abgerufen am 16.02.2015)

[2] Bundesministerium der Justiz und für Verbraucherschutz: „Tierschutzgesetz". (24.07.1972) www.gesetze-im-internet.de/tierschg/BJNR012770972.html (abgerufen am 16.02.2015)

[3] PETA.de/Mechernich ; rechtskräftiger Bußgeldbescheid des Landkreises Euskirchen v. 7.5.2014, Az.: 074.30876..0/2619

[4] VeganBlog: „Ausgebrochener Stier: Gekämpft und doch verloren …". (28.11.2014) www.veganblog.de/2014/11/28/ausgebrochener-stier-gekaempft-und-doch-verloren (abgerufen am 17.02.2015)

[5] Katharina Riehn et al: „Schlachtung gravider Rinder – Aspekte der Ethik und des gesundheitlichen Verbraucherschutzes". Tierärztl. Umschau 66, 391 – 405 (2011) www.researchgate.net/profile/Katharina_Riehn/publication/256293516_Schlachtung_gravider_Rinder__Aspekte_der_Ethik_und_des_gesundheitlichen_Verbraucherschutzes/links/004635221effe3ea53000000.pdf

[6] PETA Deutschland: „Schlachtung schwangerer Kühe: Tausende Kälber ersticken qualvoll im Mutterleib". (November 2014) PETA.de/Schlachtung-Schwangerer-Kuehe (abgerufen am 16.02.2015)

[7] Agrar-Presseportal.de: „Mehr Tierschutz für Rinder und Geflügel - Landwirtschaftsminister Habeck bringt Maßnahmenpaket auf den Weg". (Dezember 2014) www.agrar-presseportal.de/Nachrichten/Mehr-Tierschutz-fuer-Rinder-und-Gefluegel-Landwirtschaftsminister-Habeck-bringt-Massnahmenpaket-auf-den-Weg_article19410.html (abgerufen am 16.02.2015)

1 | Auf den Fischerbooten ersticken die sensiblen Meerestiere langsam und qualvoll. **2 |** Auch Aquakultur ist keine Alternative: Hier fristen die Tiere ein leidvolles Dasein in engen Bottichen, bis sie getötet werden. **3 |** Mit zusammengebundenen Scheren warten diese Hummer auf ihren schmerzhaften Tod im Kochtopf - eine Tierquälerei, die längst verboten sein sollte. © PETA USA

FISCHE, HUMMER UND CO
TIERE AUS DEM WASSER LEIDEN IN AQUAKULTUR UND KOMMERZIELLEM FISCHFANG

Der kommerzielle Fischfang bedeutet sowohl für die Meere eine unvorstellbare Belastung als auch für die Meeresbewohner Stress, Qual und Tod – kilometerweit werden Meeresuntergründe und Korallenriffe zerstört sowie Millionen Fische gefangen. Zusammen mit unbeabsichtigten Opfern, darunter Delfine, Vögel und Schildkröten, werden die Fische in riesigen Schleppnetzen gefangen und zusammengequetscht. Wenn sie aus den Meerestiefen heraufgezogen werden, erleiden Fische eine qualvolle Druckverminderung – oft zerreißt durch den enormen Innendruck ihre Schwimmblase, die Augen treten aus den Höhlen und der Magen wird ihnen aus dem Mund herausgepresst. Dann werden sie an Bord geworfen, wo viele langsam und qualvoll ersticken. Viele Fische sind noch am Leben, wenn ihnen Hals und Bauch aufgeschnitten werden.

Seit dem 1. Januar 2014 gilt eine neue, europaweite Grundverordnung für eine gemeinsame Fischereipolitik[1], und um die lang währende Stagnation der deutschen Aquakultur zu durchbrechen und das begründete Imageproblem der Aquakultur zu verbessern, wurde im Juni 2014 der Nationale Strategieplan Aquakultur für Deutschland[2] erarbeitet. Dieser umfasst drei Kernziele, die bis 2020 ein Wachstum der inländischen Aquakultur bezwecken sollen. Im Zuge dessen hat Schleswig Holstein Genehmigungsleitfäden zur vereinfachten Ansiedlung von Aquakulturunternehmen herausgebracht.[3] PETA Deutschland hat diese Vereinfachung aus Tierschutzgründen in einer öffentlichen Stellungnahme kritisiert.[4] Denn inländische Aquakulturen bedeuten für Fische ebenso wie ausländische Aquakulturen oder der kommerzielle Fischfang nicht artgerechte Haltungsbedingungen und einen grausamen sowie gesetzlich kaum geregelten Tod. Aus Tierrechtsgründen ist deshalb auch der 2014 erschienene Fischratgeber von Greenpeace abzulehnen.[5]

Beispiel eines finanziellen Desasters ist die saarländische Fischzuchtanlage Völklingen. 2014 steht die Anlage, die jährlich bis zu 650 Tonnen Fisch liefern sollte, vor der Insolvenz. Ende 2014 wird noch immer über die Anlage diskutiert, da sich keine Investoren finden. Für die Millionen Fische und die Geldbeutel der Steuerzahler kann man sich nur eine schnelle Schließung der Anlage wünschen.[6]

Hummer dürfen in Deutschland noch immer lebendig gekocht werden. Dies bedeutet einen minutenlangen Todeskampf für die schmerzempfindenden Tiere. Eine von PETA Deutschland im Oktober 2014 in Auftrag gegebene Studie der Gesellschaft für Konsumforschung (GfK), bei der bundesweit 2000 Frauen und Männer ab 14 Jahren befragt wurden, zeigt jedoch: 72,3 Prozent der Studienteilnehmer sind der Meinung, „Hummer können Schmerz empfinden". Die Mehrheit der Befragten glaubt, dass „Hummer leiden, wenn sie lebend gekocht werden".[7]

Quellen:

[1] *Bundesministerium für Ernährung und Landwirtschaft: „Die Reform der Gemeinsamen Fischereipolitik". (Stand: 01.01.2014) www.bmel.de/DE/Wald-Fischerei/05_Fischerei/EU-Fischerei/_Texte/Reform-Gemeinsame-Fischereipolitik.html (abgerufen am 10.03.2015)*

[2] *Nationaler Strategieplan Aquakultur für Deutschland. (Stand: 30.06.2014) www.portal-fischerei.de/fileadmin/redaktion/dokumente/fischerei/Aquakultur/Nationaler_Strategieplan_Aquakultur_Deutschland.pdf (abgerufen am 10.03.2015)*

[3] *Ministerium für Energiewende, Landwirtschaft, Umwelt und ländliche Räume Schleswig-Holstein: „Ansiedlung von Aquakulturunternehmen soll leichter werden – Genehmigungsleitfäden für Investoren veröffentlicht". (Stand: 13.02.2015) www.schleswig-holstein.de/MELUR/DE/Service/Presse/PI/2015/0215/MELUR_150213_Aquakultur.html (abgerufen am 10.03.2015)*

[4] *PETA Deutschland: „Schleswig-Holstein will Aquakulturen fördern – PETA kritisiert millionenfaches Fischleid". (Stand: Februar 2015) PETA.de/schleswig-holstein-will-aquakulturen-foerdern-peta-kritisiert-millionenfaches (abgerufen am 10.03.2015)*

[5] *Greenpeace e.V.: „Fischratgeber 2014". (Stand: Januar 2014) www.greenpeace.de/sites/www.greenpeace.de/files/publications/fischratgeber-rezepte-juni-2014.pdf (abgerufen am 10.03.2015)*

[6] *VeganBlog: „Erfolg: Fischzucht vor dem Aus". (Stand: 30.10.2014) Veganblog.de/2014/10/30/erfolg-fischzucht-vor-dem-aus (abgerufen am 10.03.2015)*

[7] *PETA Deutschland e.V.: „Hummer – gekocht werden tut weh". PETA.de/Hummer-gekocht-werden-tut-weh-2 (abgerufen am 10.03.2015)*

1 | Mehrmals täglich werden den Vögeln unter Zwang große Mengen Brei in den Magen gepumpt - eine schmerzhafte und krankmachende Tortur. **2** | In engen Buchten und auf Spaltenböden fristen die Enten und Gänse ihr kurzes und qualvolles Leben. **3** | Ohne jemals in Wasser gebadet zu haben, werden diese jungen Vögel bald in die Stopfmast verfrachtet, wo sie nichts als Leid und Schmerz erwartet. **4** | Am Ende der Stopfmast werden alle Enten und Gänse getötet und ihre krankhaft veränderte Leber wird verkauft.

STOPFLEBER
TIERQUÄLEREI UNTER DEM DECKMANTEL DES KULTURERBES

Seit 2005 zählt die gestopfte Leber von Gänsen und Enten in Frankreich als nationales Kulturgut. Diese Ernennung war nicht nur ein großer Rückschritt für den französischen Tierschutz, sondern erschwert ein europaweites Stopfverbot und auch ein Import- und Handelsverbot in Deutschland. Im Jahr 2014 wurden deshalb 24,5 Tonnen Entenstopfleber und 60,7 Tonnen Gänsestopfleber in die Bundesrepublik importiert. Frankreich ist dabei Hauptimporteuer, vor Ungarn, Spanien und einigen weiteren Ländern.[1]
PETA Deutschland e.V. sowie einige andere Tierrechtsorganisationen haben auch im Jahr 2014 vielzählige Restaurants, Hotels, Feinkostläden und Onlineshops angeschrieben und über die grausamen Haltungs- und Stopfmethoden aufgeklärt. Galeria Kaufhof, Aldi sowie weitere Unternehmen und Restaurants erklärten sich dank der Aufklärung sowie Demonstrationen von Tierrechtlern im Jahre 2014 oder Anfang 2015 für stopfleberfrei.[2]

Quellen:

[1] Statistisches Bundesamt: „Aus- und Einfuhr (Außenhandel): Deutschland, Jahre, Ware (6-/8-Steller), Länder". Wiesbaden 2015.
www-genesis.destatis.de/genesis/online;jsessionid=4667FA1993A50DCB033ED50F074E70DE.tomcat_GO_1_1?operation=previous&levelindex=1&levelid=1426496203873&step=1
(abgerufen am 10.03.2015)

[2] PETA Deutschland e.V. Pressemitteilungen: „TERMINEINLADUNG: Blutige PETA-Aktion gegen Stopfleber in Augsburg". (Stand: April 2014)
PETA.de/Blutige-peta-aktion-gegen-stopfleber-in-augsburg-restaurant-feinkost-kahn
(abgerufen am 16.03.2015)
SOKO Tierschutz: „Zehn Stunden vor Galeria Kaufhof – Ein super Erfolg".
www.soko-tierschutz.org/de/news/240-demo-galeria-kaufhof.html
(abgerufen am 16.03.2015)
Albert Schweitzer Stiftung für unsere Mitwelt: „Hotels stopfleberfrei".
albert-schweitzer-stiftung.de/kampagnen/stopfleberstopp/hotels (abgerufen am 16.03.2015) Stern online: „Tierschutz: Aldi Süd will Kaninchen und Hummer verbannen". (Stand: 05.02.2015) www.stern.de/news2/aktuell/tierschutz-aldi-sued-will-kaninchen-und-hummer-verbannen-2171444.html (abgerufen am 16.03.2015)

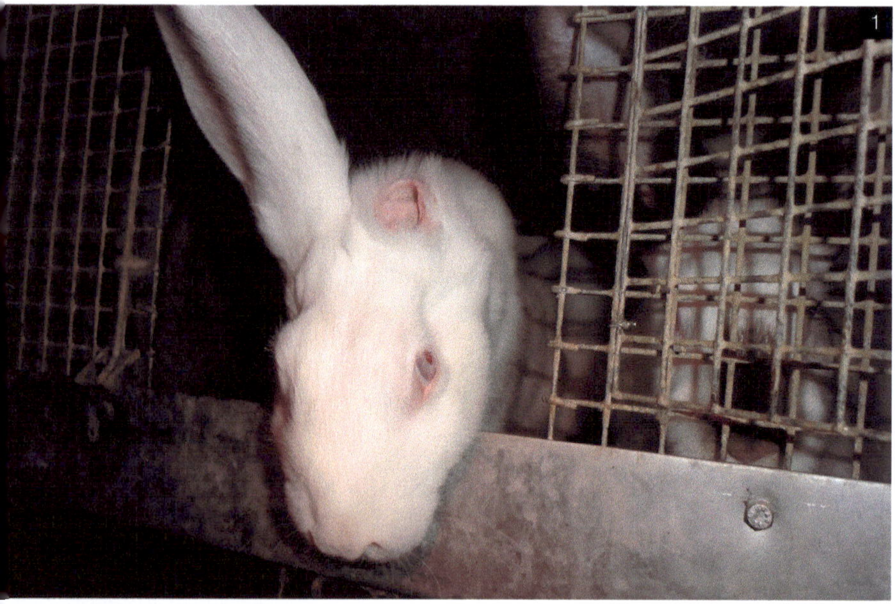

1 | Verletzte, kranke und tote Tiere sind keine Seltenheit in der Kaninchenmast.
2 | Kafigbatterien sind in der Kaninchenmast und -zucht nach wie vor erlaubt.
3 | Diese Kaninchen werden niemals im Gras hoppeln, hohe Sprünge machen oder in der Erde buddeln können. © Verena Stiess

KANINCHEN
TRISTES DASEIN IN ZUCHT UND MAST TROTZ GESETZESÄNDERUNG

Jahrelang gab es für die Haltung von Kaninchen in der Zucht und Mast keine speziellen Haltungsbedingungen. Leitfäden zur Haltung wurden lediglich von den Zuchtverbänden festgelegt. Im August 2014 trat dann im Zuge der Fünften Verordnung zur Änderung der Tierschutz-Nutztierhaltungsverordnung (TierSchNutztV) die längst überfällige Regelung zu Kaninchen in der Zucht und Mast in Kraft. Trotz deutlicher Forderungen von PETA und anderen Tierschutz- und Tierrechtsorganisationen u.a. als Träger öffentlicher Belange (TÖB) im Gesetzgebungsverfahren blieb die Käfighaltung auf Gitterböden erlaubt. Auch das Platzangebot für die geselligen und bewegungsfreudigen Tiere wurde viel zu niedrig festgelegt. Per Gesetz stehen Kaninchen in der Zucht nur 600 cm^2 und Kaninchen in der Mast sogar nur 300 cm^2 zur Verfügung – also nicht einmal 2,5 bzw. 1,5 DIN-A4-Seiten pro Tier.[1] Aufgrund von falschem Futter, der oft schlechten Luft in den Produktionshallen, zu wenig Platz und Beschäftigungsmöglichkeiten sowie der Haltung auf Spaltenböden oder Gitterböden ist die Mortalitätsrate in den Betrieben enorm hoch und kann bei 40 Prozent liegen – auch in Biobetrieben.[2]

Auch wenn bei Weitem nicht von einem artgerechten Leben gesprochen werden kann, so ist die Gesetzesänderung ein kleiner Schritt in die richtige Richtung. Denn nun gelten auch für Kaninchen in der Zucht – wenn auch sehr geringe – gesetzliche Standards und man kann sich im Falle einer Strafanzeige gegen einen Kaninchenhalter auf das Gesetz berufen.

Noch vor dieser Gesetzesänderung, im April 2014, veröffentlichte das Deutsche Tierschutzbüro grausame, aber alltägliche Bilder aus einer Käfigbatterie in Brandenburg, in der Kaninchen zur Mast gehalten wurden. Viele Tiere waren krank oder sind den Strapazen noch vor der Tötung im Schlachthaus erlegen.[3]

PETA erstattete im Juli 2012 Strafanzeige gegen den Kaninchenhalter Ludger B. in Kneheim. Dabei berief sich die Tierrechtsorganisation auf umfangreiche Undercover-Ermittlungen, die viele verletzte und verdreckte Kaninchen dokumentierten. Nach Veröffentlichung der Rechercheergebnisse wurde die Mastanlage auf Veranlassung des zuständigen Veterinäramtes Cloppenburg bereits geschlossen.[4] Der von der Staatsanwaltschaft Oldenburg beantragte Strafbefehl gegen den Mäster wurde im Juli 2014 rechtskräftig (Az.: NZS 200 Js 41910/12 VRs (1102) StA Oldenburg).

Quellen:

[1] *Tierschutznutztierhaltungsverordnung: Abschnitt 6 – Anforderungen an das Halten von Kaninchen – § 32 Allgemeine Anforderungen an Haltungseinrichtungen für Kaninchen* www.gesetze-im-internet.de/tierschnutztv/BJNR275800001.html#BJNR275800001BJNG000602310 *(abgerufen am 23.02.2015)*

[2] *BÖL (2010): Bio-Kaninchenhaltung in Deutschland – derzeitige Situation und Stand des Wissens.* orgprints.org/18321/1/18321-08OE174-soel-zerger-2010-biokaninchenhaltung.pdf *(abgerufen am 23.02.2015)*

[3] *Deutsches Tierschutzbüro: „Deutsches Tierschutzbüro deckt Horrormast auf: So leiden Mastkaninchen mitten in Deutschland". (15. April 2014)* www.tierschutzbuero.de/deutsches-tierschutzbuero-deckt-horrormast-auf-leiden-mastkaninchen-mitten-deutschland *(abgerufen am 23.02.2015)*

[4] *PETA Deutschland e.V.: „Undercover-Aufnahmen von PETA zeigen das Kaninchen-Grauen in Lastrup". (Juli 2013)* PETA.de/Kaninchen

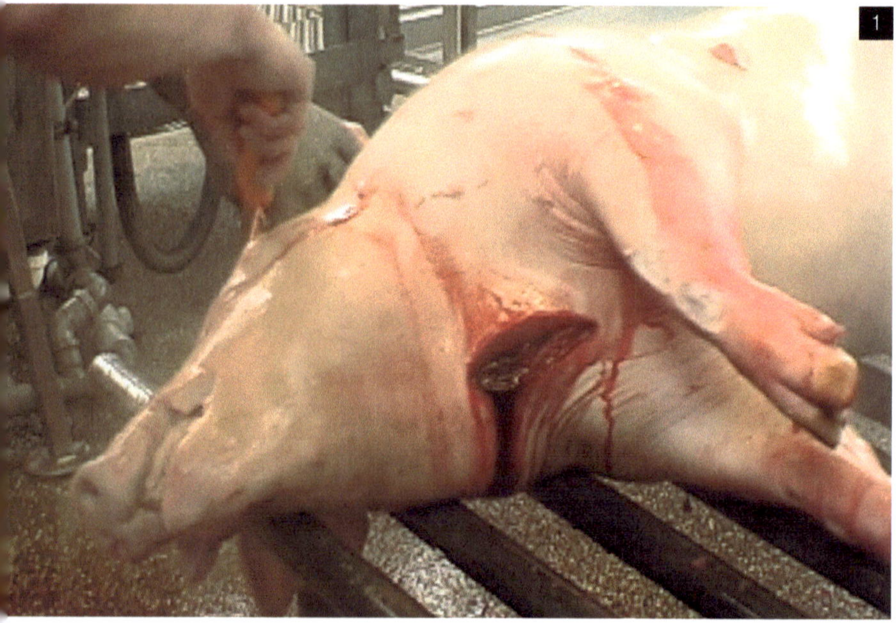

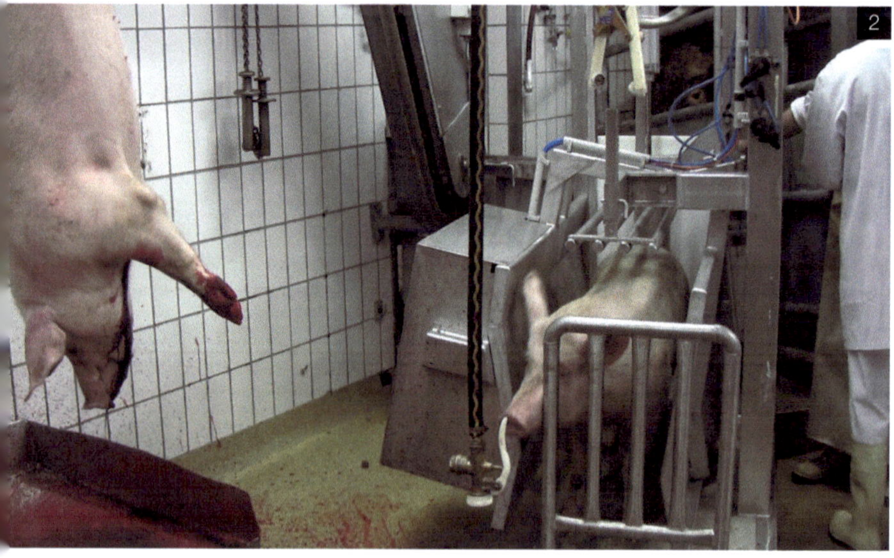

1 | Nach einem entbehrungsreichen Leben folgt der Tod in den Schlachtfabriken - so endet das Leben eines intelligenten und einfühlsamen Lebewesen. **2** | Nicht selten müssen Artgenossen den Tod anderer miterleben. Eine schmerzfreie Betäubung in den Schlachthöfen gibt es außerdem nicht.

TOD IM SCHLACHTHAUS
MISSHANDLUNG, FEHLBETÄUBUNG, ERSTICKEN

So viele Tiere wie im Jahr 2014 wurden in Deutschland noch nie zuvor in den Schlachthäusern getötet. Laut Statistischem Bundesamt wurden 8,2 Millionen Tonnen Fleisch in gewerblichen Schlachtereien produziert. Das bedeutet 102.800 Tonnen oder 1,3 Prozent mehr als im Vorjahr.[1] In Tierleben ausgedrückt bedeutet das über 728,7 Millionen Hühner, Puten, Enten und Gänse sowie über 58,7 Millionen Schweine, 3,5 Millionen Rinder, 986.400 Schafe, 205.000 Ziegen und 8300 Pferde.[2]

Die Tötung von Tieren zur Lebensmittelgewinnung kann nie tierschutzgerecht oder gar human sein. Tritte, Schläge, Elektroschocker, Verletzungen, lange Wartezeiten ohne Essen und Wasser sowie Fehlbetäubungen sind an der Tagesordnung.

Im Februar 2014 wurde eine Großrazzia auf dem VION-Schlachthof in Bad Bramstedt durchgeführt. Der Betrieb wurde daraufhin vom Landwirtschaftsministerium wegen Verstößen gegen Hygieneverordnungen sowie Tierschutzmängeln aufgrund von nicht sachgemäßen Schlachtungen vorübergehend geschlossen.[3] PETA Deutschland e.V. als Anzeigenerstatter veröffentlichte später brisante Dokumente, die Fehlbetäubungen, unausgebildetes Personal und damit schwere Tierquälerei belegen.[4]

Laut Bundesregierung sind je nach Betäubungsverfahren 3,3 bis 12,5 Prozent der Schweine und 4 bis über 9 Prozent der Rinder nicht richtig betäubt, während sie ausbluten oder in das Brühbad gelangen.[5] PETA schätzt die Zahlen deutlich höher ein. Für Geflügel sind keine Zahlen bekannt.

Im Juli 2014 veröffentlicht PETA eine Undercover-Recherche aus einem mittelständischen Schlachtbetrieb. Die Aufnahmen der Tierrechtler belegen die viel zu lange Wartezeit zwischen der Betäubung und dem tötenden Entblutungsstich, so dass einige Schweine während des Schlachtprozesses deutliche Anzeichen von Bewusstsein zeigen. Die betroffene Schlachterei bewirbt ihre Fleischprodukte zudem mit dem Slogan „Fleisch aus der Region", was beim Verbraucher ein erhöhtes Maß an Tierschutz suggerieren kann. Diese Recherche zeigt einmal mehr, dass auch kleine Schlachtbetriebe selbst gegen die minimalen gesetzlichen Vorschriften verstoßen. PETA erstattete daraufhin Strafanzeige gegen die Verantwortlichen bei der Staatsanwaltschaft Mosbach, Az. 13 Js 4135/14 (a).[6]

Unter anderem machte PETA Deutschland im Jahr 2014 auf die grausame Praxis des Schlachtens von schwangeren Kühen aufmerksam.[7] Die Agrarminister der Bundesländer erhielten mehrfache Schreiben, in denen auf die Wichtigkeit eines Schlachtverbots für schwangere Tiere in jedem Schwangerschaftsstadium hingewiesen wurde. Zudem werden Unterschriften für ein Verbot gesammelt. Schleswig Holstein reagierte als erstes Bundesland mit einem Landeskodex, welcher allerdings nicht verbindlich wirkt und sich nur auf schwangere Kühe im letzten Schwangerschaftsdrittel bezieht.[8]

Quellen:

[1] *Statistisches Bundesamt: „Fleischproduktion 2014 auf dem Höchststand“. www.destatis.de/DE/ZahlenFakten/Wirtschaftsbereiche/LandForstwirtschaftFischerei/TiereundtierischeErzeugung/AktuellSchlachtungen.html (abgerufen am 17.03.2015)*

[2] *Statistisches Bundesamt: „Tiere und tierische Erzeugung – Gewerbliche Schlachtungen 2013 und 2014 im Vergleich“. www.destatis.de/DE/ZahlenFakten/Wirtschaftsbereiche/LandForstwirtschaftFischerei/TiereundtierischeErzeugung/Tabellen/GewerbSchlachtungQuartal.html (abgerufen am 17.03.2015)*

[3] *Ndr.de: „Verdacht: Rinder qualvoll geschlachtet“. (Stand: 26.02.2014) www.ndr.de/nachrichten/schleswig-holstein/schlachthof227.html (abgerufen am 17.03.2015)*

[4] *PETA Deutschland e.V.: „PETA veröffentlicht erstmals brisante Dokumente zum VION Schlachthof“. (Stand: März 2014) PETA.de/Vion (abgerufen am 17.03.2015)*

[5] *Deutscher Bundestag: „Kleine Anfrage BÜNDNIS 90/DIE GRÜNEN – Tierschutz bei der Tötung von Schlachttieren“. (15.06.2012) dipbt.bundestag.de/dip21/btd/17/100/1710021.pdf (abgerufen am 17.03.2015)*

[6] *PETA Deutschland e.V.: „„„Fleisch aus der Region“ – Das tierquälerische Gesicht hinter dem Werbeslogan“. (Stand: Juli 2014) Gegen den Schlachthof wurde Anfang 2015 ein rechtskräftiger Bußgeldgeldbescheid in Höhe von 500 Euro von der zuständigen Landkreisverwaltung verhängt.“ PETA.de/Fleisch-aus-der-Region (abgerufen am 17.03.2015)*

[7] *PETA Deutschland e.V.: „Schlachtung schwangerer Kühe: Tausende Kälber ersticken qualvoll im Mutterleib“. (Stand: November 2014) PETA.de/Schlachtung-schwangerer-Kuehe (abgerufen am 17.03.2015)*

[8] *Ministerium für Energiewende, Landwirtschaft, Umwelt und ländliche Räume Schleswig-Holstein: „Mehr Tierschutz für Rinder und Geflügel – Landwirtschaftsminister Habeck bringt Maßnahmenpaket auf den Weg“. (Stand: 22.12.2014) www.schleswig-holstein.de/MELUR/DE/Service/Presse/PI/2014/1214/MELUR_141222_Tierschutz.html (abgerufen am 17.03.2015)*

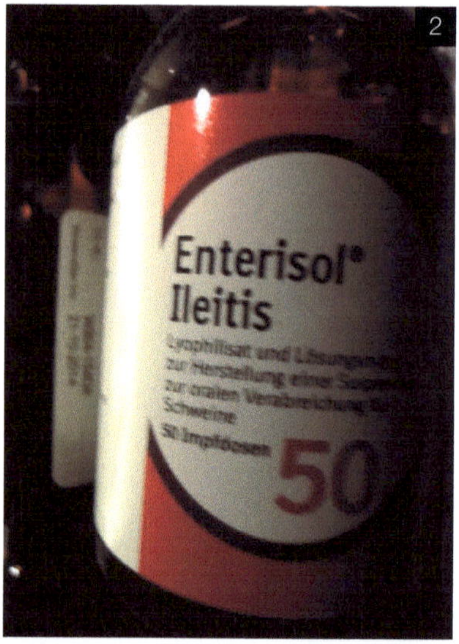

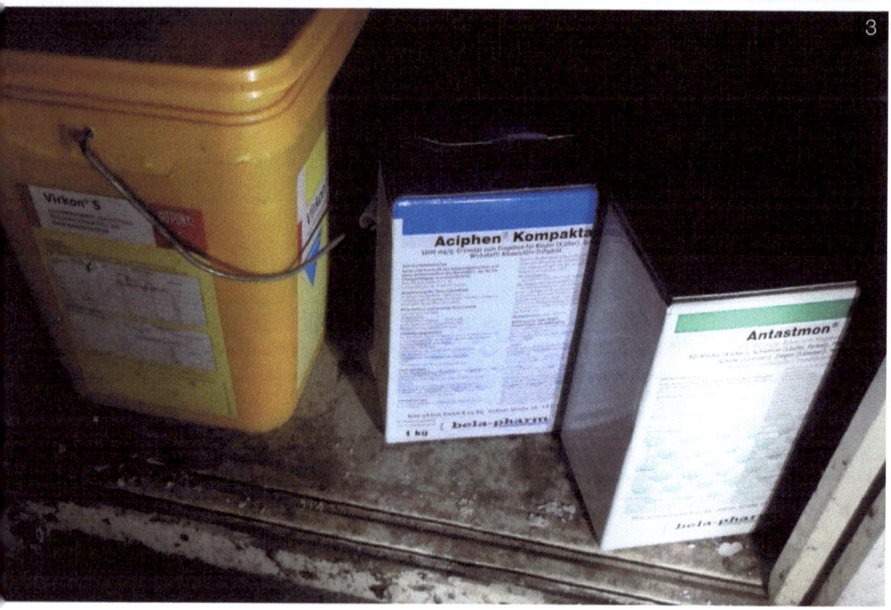

1 | 2 | Neben Impfungen bekommen Schweine und andere Tiere tonnenweise Antibiotika, damit sie die Zeit in den Produktionshallen überhaupt überleben.
3 | Nahrungsergänzungsmittel, Leistungssteigerer, Antibiotika und andere Medikamente: Alltag in der landwirtschaftlichen Tierhaltung

ANTIBIOTIKA IN DER TIERHALTUNG
GEFAHR FÜR MENSCH, TIER UND UMWELT

Seit vielen Jahren warnen Experten vor den gravierenden Auswirkungen der sich immer weiter verbreitenden Antibiotikaresistenzen. Gerade die industrielle Tierhaltung trägt neben den Krankenhäusern und der teils leichtfertigen Verschreibungsroutine von Antibiotika in der Humanmedizin zu einer starken Verbreitung von antibiotikaresistenten Keimen bei. Obwohl der Antibiotikaverbrauch 2014, im Vergleich zum Vorjahr, von 1.672 Tonnen auf 1.452 Tonnen sank, stieg gleichzeitig der Anteil an lebensrettenden Reserveantibiotika.[1] Zudem zeigten im Jahr 2014 gleich vier voneinander unabhängige Fleischuntersuchungen die hohe Belastung von Fleischprodukten mit den antibiotikaresistenten Keimen MRSA (Methicillin-resistente Staphylococcus aureus) und/oder den bakteriellen Enzymen ESBL (Extended-Spectrum-Betalaktamasen). Im Mai 2014 erschien das Laborergebnis von Bündnis 90/Die Grünen, welche 63 Wurstprodukte auf ESBL testeten. Insgesamt waren 16 Prozent mit ESBL-bildenden Bakterien kontaminiert. Bei den 36 Mettwurstprodukten wurden in 22 Prozent ESBL gefunden.[2] PETA Deutschland e.V. ließ im November 2014 insgesamt 57 Fleischproben (Geflügel, Schwein, Rind, Hackfleisch) aus fünf namhaften Supermärkten und Discountern in einem Fachlabor auf MRSA und ESBL untersuchen. Insgesamt wurden in 65 Prozent ein oder beide Erregertypen gefunden. MRSA wurde vom Fachlabor in 31 Prozent der Proben und die gefährlichen ESBL sogar in 45 Prozent der Proben nachgewiesen. Besonders gravierend sahen die Testergebnisse beim Geflügelfleisch aus: In 86 Prozent der 30 untersuchten Hühner- und Putenfleischproben wurden ESBL und/oder MRSA analysiert. Beim Hackfleisch (12 Proben) waren es knapp über 66 Prozent.[3] Danach folgte eine Analyse des Bund für Umwelt und Naturschutz Deutschland e.V. (BUND) wonach auf 88 Prozent der bei Discountern gekauften Putenfleisch-Proben antibiotikaresistente Keime gefunden wurden.[4]

Das Landesamt für Natur, Umwelt und Verbraucherschutz Nordrhein-Westfalen (LANUV) zeigte in einem Fachbericht zur Evaluierung des Einsatzes von Antibiotika in der Putenmast, dass in 92,8 Prozent der 516 beobachteten Durchgänge mit 22 verschiedenen Antibiotika behandelt wurde.[5]

Ende 2014 erschien in der ZEIT die Artikel-Serie „Die Rache aus dem Stall", welche die Gefahr des Antibiotikamissbrauchs in der Tierhaltung auf die menschliche Gesundheit erläuterte.[6] Der Bauernverband Schleswig Holstein veranstaltete deshalb am 28. November 2014 eine Demonstration vor dem Gebäude der ZEIT in Hamburg.[7]

Um den Antibiotikaeinsatz zu bestimmen und zu reduzieren, erfasst die Bundesregierung mit der 16. AMG-Novelle in einem halbjährigen Turnus die Arzneimittelbezeichnung, die Art und Anzahl der behandelten Tiere, die Anzahl der Behandlungstage und die Anzahl der im Berichtszeitraum gehaltenen Tiere. Seit dem 1. April 2014 müssen Landwirte diese Daten ab einer bestimmten Tieranzahl in eine staatliche Datenbank eintragen.[8] Ebenso möchte das Prüfsystem QS (Qualität und Sicherheit) durch ein Antibiotika-Monitoring eine flächendeckende Datengrundlage zum Antibiotikaeinsatz in den landwirtschaftlichen Betrieben schaffen. Hierbei geben Tierärzte die Datengrundlage, da sie verschriebene Antibiotika in eine Datenbank übertragen.[9]

Alarmierend ist zudem eine Meldung, wonach in Cloppenburg erstmals Antibiotika aus der Tierhaltung im Grundwasser analysiert wurden.[10] Der massive Antibiotikamissbrauch in deutschen Tierställen kann also eine Gefahr für die menschliche Gesundheit sowie die Umwelt darstellen. Zudem ermöglicht er, Tiere in nicht artgerechten Haltungssystemen unterzubringen und sie mit Antibiotikagaben bis zum Schlachthof am Leben zu halten.

Quellen:

[1] *ZEIT online: „Bauern verwenden weniger, aber dafür bedenklichere Antibiotika". (01.08.2014) www.zeit.de/wissen/gesundheit/2014-08/massentierhaltung-antibiotika-resistenzen-keime-tiermast (abgerufen am 16.03.2014)*

[2] *Bündnis 90/Die Grünen: „Antibiotikaresistenzen in der Wurst". (21.05.2014) www.gruene-bundestag.de/themen/agrar_ID_127752/antibiotikaresistenzen-in-der-wurst_ID_4391795.html (abgerufen am 16.03.2015)*

[3] *PETA Deutschland e.V.: „Schockierende Ergebnisse: PETA weist in 65 Prozent der Fleischproben antibiotikaresistente Keime nach". (Stand: November 2014) PETA.de/Resistente-Keime-im-Fleisch (abgerufen am 16.03.2015)*

[4] *Bund für Umwelt und Naturschutz Deutschland e.V.: „Putenfleisch von Aldi, Lidl & Co. mit antibiotikaresistenten Keimen belastet. Risiken und Nebenwirkungen der industriellen Tierhaltung weiter inakzeptabel". www.bund.net/antibiotika-resistenzen (abgerufen am 16.03.2015)*

[5] *Landesamt für Natur, Umwelt und Verbraucherschutz Nordrhein-Westfalen (LANUV): „Evaluierung des Einsatzes von Antibiotika in der Putenmast". (2014) www.lanuv.nrw.de/veroeffentlichungen/fachberichte/fabe58/fabe58.pdf (abgerufen am 16.03.2015)*

[6] *ZEIT online: „Diese Keime töten". (20.11.2014) www.zeit.de/wissen/gesundheit/2014-11/multiresistente-keime-mrsa-antibiotika-massentierhaltung-keimkarte (abgerufen am 16.03.2015)*

[7] *ZEIT online: „Landwirte und Tierärzte protestieren vor ZEIT-Gebäude". (28.11.2014) www.zeit.de/hamburg/politik-wirtschaft/2014-11/antibiotika-bauerverband-protest (abgerufen am 16.03.2015)*

[8] *Bundesministerium für Ernährung und Landwirtschaft: „Weniger Antibiotika in der Tierhaltung: Novelliertes Arzneimittelgesetz verkündet". (Pressemitteilung Nr. 278 vom 16.10.13) www.bmel.de/SharedDocs/Pressemitteilungen/2013/278-KL-Verkuendung-16_AMG-Novelle.html?nn=312878 (abgerufen am 16.03.2015)*

[9] *QS – Ihr Prüfsystem für Lebensmittel: „Antibiotikaresistenzen aktiv vermeiden". www.q-s.de/qs-system/monitoringprogramme-antibiotikamonitoring.html (abgerufen am 16.03.2015)*

[10] *NDR.de: „Antibiotika im Grundwasser bei Cloppenburg". (13.11.2014) www.ndr.de/nachrichten/niedersachsen/oldenburg_ostfriesland/Antibiotika-im-Grundwasser-bei-Cloppenburg,antibiotika352.html (abgerufen am 16.03.2015)*

1 | Tote Tiere in den Produktionshallen sind auch mit Tierschutzlabel normal und einkalkuliert. **2 |** Aufnahmen aus einem Betrieb mit Tierschutzlabel: Mehrere Tiere werden von den Arbeitern kopfüber an ihren empfindlichen Füßen gepackt und in Kisten geworfen. **3 |** Das Ende eines qualvollen und entbehrungsreichen Lebens: Siegel täuschen dem Verbraucher eine „artgerechte" Tierhaltung vor.

INITIATIVE TIERWOHL
TIERSCHUTZSIEGEL ALS VERBRAUCHERTÄUSCHUNG

Sogenannte Tierschutzlabel sollen Verbrauchern die Möglichkeit geben, sich an der Fleischtheke für mehr Tierwohl zu entscheiden. Wenn überhaupt bedeuten die Label für die Tiere nur marginale Verbesserungen. Das „Tierschutzlabel Für Mehr Tierschutz“ des Deutschen Tierschutzbundes e.V. umfasst eine Einstiegs- und eine Premiumstufe und gilt wie das „FairMast“-Label von Vier Pfoten für sogenannte Hühner und Schweine in der Mast. Das Interesse der Landwirte an solchen Siegeln ist allerdings sehr gering. Laut Pressebericht soll die Anzahl der teilnehmenden Schweinebetriebe Mitte 2014 von 16 auf sieben und die Zahl an Hühnerbetrieben von 44 auf 38 gesunken sein.[1] PETA Deutschland e.V. deckte in einer Recherche Verstöße gegen die „FairMast“-Vorschriften beim Ausstallen von Hühnern auf. Hierbei wurden verbotenerweise mehrere Hühner von den Arbeitern an den Füßen gepackt und kopfüber sowie wild mit den Flügeln schlagend in die Transportkisten geworfen. PETA startete 2014 eine Unterschriftenaktion, um dieses Leid zu beenden.[2]

Auch in der ökologischen Tierhaltung und damit unter dem Biosiegel geschehen täglich Tierquälereien. Der Neuland-Skandal war 2014 bestes Beispiel für Betrug auf Kosten der Tiere. Hierbei wurde jahrelang konventionelles Hühnerfleisch unter der Neuland-Marke verkauft.[3]

Im September startete die Kampagne „Eine Frage der Haltung – neue Wege für mehr Tierwohl“ des Bundesministeriums für Ernährung und Landwirtschaft. Hierbei sollen „Maßnahmen auf Grundlage der verbindlichen Freiwilligkeit“ für mehr Tierwohl in deutschen Ställen sorgen.[4] Im Zuge dessen wurde ein „Kompetenzkreis Tierwohl“ gegründet, und verschiedene Eckpunkte sollen geprüft und festgelegt werden. Das erste Eckpunktepapier soll den Tierschutz bereits bei der Entwicklung serienmäßig hergestellter Stalleinrichtungen verpflichtend prüfen und wurde vorab an mehrere Organisationen zur Stellungnahme gesendet.[5] PETA sprach sich in einer Stellungnahme klar gegen das Inkrafttreten des Prüfsiegels aus, denn es dient allein einer schnelleren und einfacheren Genehmigung von Stallneubauten, was die Möglichkeiten von Einwendungen durch Tierrechtsorganisationen erheblich erschwert und weiterem Tierleid in Stallanlagen Vorschub leistet. PETA forderte das BMEL eindringlich auf, vom geplanten Siegel Abstand zu nehmen und stattdessen die tierfreundliche bio-vegane Landwirtschaft zu fördern.[6]

Quellen:

[1] Taz.de: „Das Label floppt“. (20.07.2014) www.taz.de/!142759 (abgerufen am 17.03.2015)

[2] PETA Deutschland e.V.: „PETA stellt in einer neuen Recherche das Tierschutzlabel in der Hähnchenmast des Plukon-Konzerns in Frage“. (Stand: September 2014) PETA.de/Fairmast (abgerufen am 17.03.2015) www.huffingtonpost.de/2014/10/01/fairmast-peta_n_5913858.html

[3] Taz.de: „Und niemand will was gemerkt haben“. (07.07.2014) http://www.taz.de/!141945 (abgerufen am 17.03.2015)

[4] Bundesministerium für Ernährung und Landwirtschaft: „Eine Frage der Haltung – neue Wege für mehr Tierwohl“. (17.09.2014) www.bmel.de/DE/Tier/Tierschutz/Tierwohl/_texte/Tierwohl.html?nn=310198&notFirst=true&docId=5526016 (abgerufen am 17.03.2015)

[5] Bundesministerium für Ernährung und Landwirtschaft: „Eckpunkte der Initiative des Bundesministeriums für Ernährung und Landwirtschaft“. (Stand: September 2014) www.bmel.de/SharedDocs/Downloads/Broschueren/Tierwohl-Initiative-Eckpunkte.pdf?__blob=publicationFile (abgerufen am 17.03.2015)

[6] PETA Deutschland e.V.: „Verbrauchertäuschung: PETA kritisiert geplantes Prüfverfahren für Stalleinrichtungen als kontraproduktiv für Tierschutz“. (Stand: November 2014) PETA.de/Verbrauchertaeuschung-peta-kritisiert-geplantes-Pruefverfahren-fuer (abgerufen 17.03.2015)

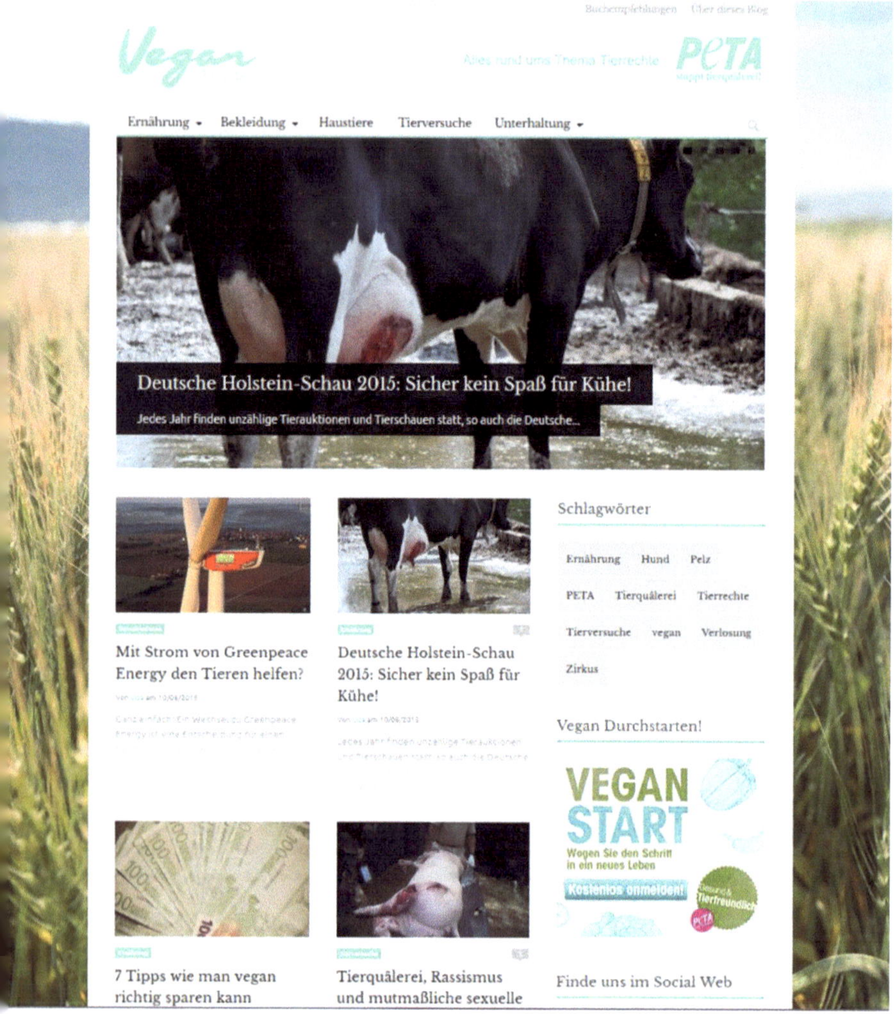

Veganblog.de

VEGANBLOG
FEDERFÜHRENDE INTERNET-PLATTFORM FÜR DIE VEGANE ERNÄHRUNG

Der von PETA Deutschland e.V. begründete und betriebene „VeganBlog.de“ ist Deutschlands reichweitenstärkster Blog zum Thema veganes Leben und Tierrechte. Die Webseite hat eine Leserschaft von 200.000 Nutzern im Monat und ist regelmäßig in den Top 10 der Deutschen Blog-Charts und der Social-Media-News-Charts vertreten.

In dem Blog schreiben PETA-Mitarbeiter und Gast-Autoren über Tierrechtsthemen. Sie kommentieren aktuelle Entwicklungen, die Tierschutz und Tierrechte betreffen, informieren über weltweite Erfolge oder rechtliche Änderungen und geben praktische Tipps für eine tierfreundlichere Lebensweise.

Es werden auch aktuelle Missstände aufgezeigt, um über Tiermissbrauch aufzuklären bzw. Firmen dazu zu bringen, tierfreundlicher zu werden. So konnte beispielsweise nur durch eine Erwähnung im Veganblog ein Restaurant innerhalb weniger Stunden dazu gebracht werden, das Qualprodukt Stopfleber dauerhaft von seiner Karte zu streichen.

Mit einem Blog-Eintrag zum Tod der Giraffe Marius im Kopenhagener Zoo und darauf folgenden Beiträgen zu Missständen in deutschen Zoos konnten so Zehntausende Menschen über das System Zoo aufgeklärt werden. Ein im Blog gepostetes Whistleblower-Video über ein in Berlin vor einer Kutsche zusammengebrochenes Pferd wurde von Berliner Medien zum Anlass genommen, um über die Problematik der sogenannten Kutschpferde zu diskutieren.

Ein weiterer Blog-Eintrag, der es in die Medien geschafft und viele Menschen bewegt hat, war eine PETA-Anzeige gegen einen Zirkus. Dort wurden 19 Tiere aufgrund unzulänglicher Unterbringung durch einen Blitzschlag getroffen und getötet. Auch dieses traurige Ereignis konnte zeigen, wie wenig vielen Zirkussen am Wohl der Tiere liegt.

Im Veganblog werden auch regelmäßig Rezepte gepostet. Die Rezept-Kategorie gehört zu den am meisten besuchten Seiten des Blogs und inspiriert dazu, einen veganen Lebensstil zu starten bzw. beizubehalten.

Immer wieder wird im Veganblog auch über Fehlverhalten von Jägern berichtet. Diese Berichte sind häufig Anlass, um insbesondere in den sozialen Medien über den Un-Sinn von Jagd zu diskutieren.

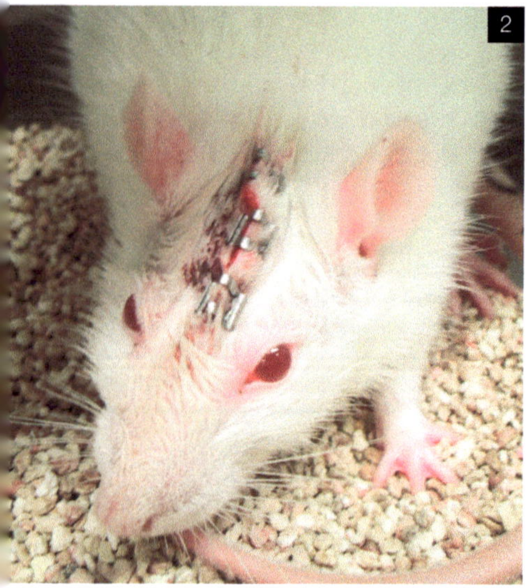

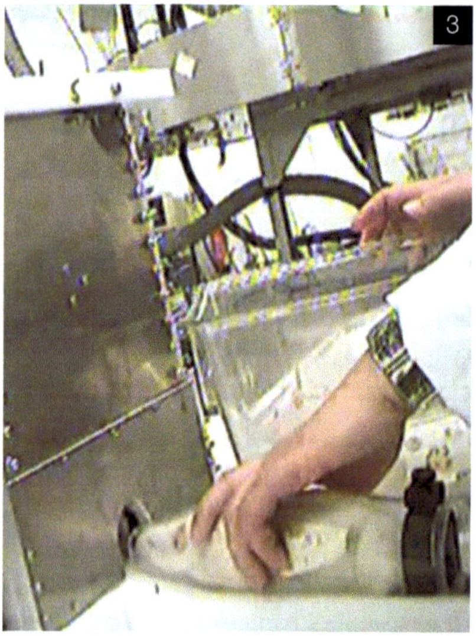

1 | MDC und die Berliner Charité bauen ein riesiges Tierversuchslabor in Berlin Buch.
2 | Albino-Ratte im Tierversuch. Universitiy of North Carolina. © PETA USA
3 | Maus im Tierversuch an der Jacobs University Bremen.

TIERVERSUCHE

MAX-DELBRÜCK-CENTRUM UND BERLINER CHARITÉ DIE RÜCKSICHTSLOSE TIERQUAL-FORSCHUNGSINDUSTRIE

Wurden in den letzten Jahren an mehreren Universitäten in verschiedenen Bundesländern neue Gebäude und Labore für Tierversuche und die Unterbringung von sogenannten Versuchstieren erstellt, fiel ein Neubaukomplex ganz besonders auf: der Neubau eines riesigen Tierversuchslabors auf dem Campus in Berlin Buch durch die Max-Delbrück-Gesellschaft (MDC). Gegen diesen Neubau, der angeblich auch Tierversuchskapazitäten der Berliner Charité bündeln soll, startete PETA Deutschland e.V. eine Kampagne, der sich auch andere Organisationen anschlossen, u.a. der Deutsche Tierschutzbund. Unabhängig von der vollständigen Ablehnung von Versuchen an Tieren und auch der deutlichen Absage an die im MDC und anderen Vivisektions-Institutionen propagierten 3 R-Regel (Replacement, Reduction, Refinement = Ersetzen, Verringern, Verfeinern), die ohnehin kaum eingehalten wird, ging der Kampagne eine PETA-Ermittlung über die Verstöße in den bisherigen Tierversuchshäusern des MDC im Jahr 2012 voraus. Diese waren quantitativ wie qualitativ derart gravierend aus tierrechtlerischer Sicht, dass solche Betreiber eigentlich nicht verlässlich genug seien, solche Labore überhaupt zu betreiben.

Weiterhin musste für diesen Laborneubau ein ganzes Waldstück gerodet werden, in dem 15 Brutvogelarten nachgewiesen worden waren, darunter auch europäisch geschützte Arten. Im Bebauungsplanverfahren lehnte das Referat B – Forstbetrieb der Senatsverwaltung für Stadtentwicklung und Umwelt das Vorhaben durchgängig von der Auslegungs- bis zur Abwägungs- und Beschlussphase ab:

„Die geplante Bebauung (‚Sondergebiet Wissenschaft und Forschung') der Waldflächen wird grundsätzlich abgelehnt (vgl. auch Stellungnahme vom 05.12.2011 zum Bauvorbescheidsantrag der ‚Charité' – FEM Forschungseinrichtung experimentelle Medizin, Zuchtgebäude MDC Max-Delbrück-Centrum – In-vivo-Pathophysiologie-Laborgebäude (IPL), Stellungnahmen vom 12.06.2012 und 31.01.2013 zur Änderung des FNP Berlin sowie Stellungnahme zum B-Planvorentwurf vom 05.12.2012)." [1]

Auch Anwohner protestierten unter Zugrundelegung des Studiums der umfangreichen Planunterlagen:
„Die im letzten Bucher Boten veröffentlichte Information des Bezirksamts Pankow zum Bebauungsplan (B-Plan) auf der südöstlichen Teilfläche des Campus Buch ist eine kaum zu überbietende Verdrehung der Tatsachen. So wird behauptet, dass dieser B-Plan auch dazu dient, ‚eine Waldfläche zu sichern'. Tatsache ist vielmehr, dass für ein äußerst fragwürdiges Vorhaben, wie den Bau eines weiteren riesigen Tierhauses auf dem Campus, trotz massiver Einwendungen u. a. des Natur- und Umweltamtes Pankow sowie der Berliner Forsten sage und schreibe 4,4 ha (44.000 m^2 !!!) hochwertiger Wald gerodet werden soll. Laut waldfachlichen Gutachten hat dieser Wald u. a. eine ‚sehr hohe lokalklimatische Bedeutung (Stadtklima)' und ‚eine besondere Bedeutung als Immissionsschutzwald'. Man baut also mitten in einem für das Stadtklima wichtigen Wald, um selbigen zu sichern. Eine fürwahr bizarre und abstruse Logik des Stadtplanungsamtes. Abgesehen davon, dass man die Rodung von Wald nicht durch Geld ersetzen kann, hat das MDC hierfür die vergleichsweise lächerliche Ausgleichzahlung von 265507,20 Euro zu leisten, für die ohnehin der Steuerzahler aufkommt.

Es ist in diesem Land offensichtlich Usus geworden, unpopuläre und falsche Entscheidungen als alternativlos zu bezeichnen, um diese durchzupeitschen. So auch der Standort des Tierhauses mitten im Wald in angeführtem B-Plan." [2]

In den Unterlagen zum Bebauungsplan wurde wiederholt auf die „Empfindlichkeit der Versuchstiere" hingewiesen, und vor allem „das Modellsystem Maus" hervorgehoben. Knapp 20.000 Käfige für Mäuse und 1000 Käfige für Ratten werden als langfristige Tierhaltungskapazitäten des MDC ab 2020 in der Begründung zum B-Plan genannt. Im Jahr 2013 wurden am MDC 147.985 sogenannte Versuchstiere „verbraucht", davon 142.769 Mäuse. Ein erhebliches Leidenspotenzial neben der enormen Arten- und Umweltzerstörung.

Trotz mehrerer Schreiben an die zuständige Senatsverwaltung Berlin, mehrerer umfangreicher Einwendungen im Bebauungsplanverfahren und im Änderungsverfahren zum Flächennutzungsplan Berlin durch PETA Deutschland e.V. wurde der B-Plan zum Bau dieses Tierversuchshauses beschlossen, die Bedenken auch der behördlichen Forstverwaltung abgelehnt.[3] Das Gelände ist bereits gerodet worden.[4]

Quellen:

[1] Vorlage zur Beschlussfassung „Bebauungsplan 3-46 vom 15. Januar 2014 für den südöstlichen Teil des Grundstücks Robert-Rössle-Straße 10 im Bezirk Pankow, Ortsteil Buch, 20.06.2014

[2] Dr. W. Schössler: Tatsachenverdrehung, Leserbrief in: Bucher Bote, Mai 2014

[3] Begründung zum Bebauungsplan 3-46 aus 2014

[4] Baustart für Labor, in: www.uni-protokolle vom 26.01.2015

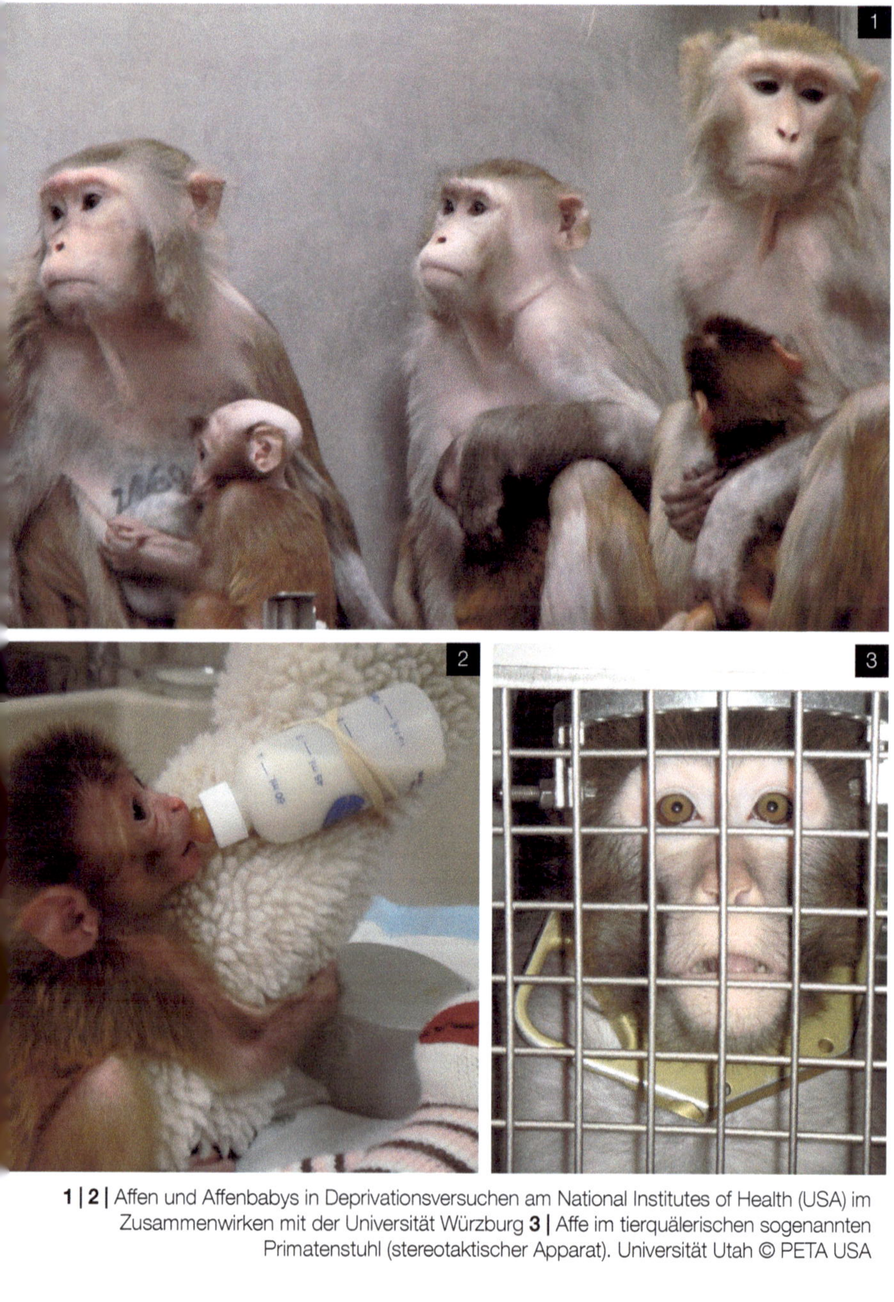

1 | 2 | Affen und Affenbabys in Deprivationsversuchen am National Institutes of Health (USA) im Zusammenwirken mit der Universität Würzburg **3 |** Affe im tierquälerischen sogenannten Primatenstuhl (stereotaktischer Apparat). Universität Utah © PETA USA

GRUNDLAGENFORSCHUNG ALS BESCHÄFTIGUNGSTHERAPIE
TIERVERBRAUCH OHNE SINN UND VERSTAND

Die Grundlagenforschung ist im Unterschied zur Pharmaforschung weder wirtschafts- noch anwendungsorientiert. Mit ihr soll das allgemeine medizinische und naturwissenschaftliche Wissen vermehrt werden. Das meist abstrakte Forschungsinteresse wird dabei mit möglichen Anwendungen in einer fernen Zukunft gerechtfertigt, die jedoch schwer nachweisbar sind. Auch im Jahr 2014 stand diese Grundlagenforschung, im Besonderen in Bezug auf die Primatenforschung, erneut im Fokus.

Universität Bremen – Hirnforschung an Affen durch Prof. Andreas Kreiter

Am 20. Januar 2014 lehnte das Bundesverwaltungsgericht nach einem jahrelangen Rechtsstreit in einem Beschluss die Beschwerde des Bremer Senators für Gesundheit ab und erklärte somit das Urteil des Oberverwaltungsgerichts (OVG) Bremen vom Dezember 2012 für rechtskräftig – ein folgenschweres Urteil für die sogenannten Versuchstiere und alle Tierrechtler, die sich über viele Jahre hinweg für ein Ende der neurologischen Experimente an Primaten eingesetzt hatten. Damit darf der Neurobiologe Andreas Kreiter seine Hirnforschung an Affen ungehindert fortsetzen.

Die Belastung der Tiere wurde vom OVG als „allenfalls mäßig" eingestuft – schwer vorstellbar bei dem angewandten Versuchsaufbau. Für die Experimente wird den intelligenten und hochsensiblen Tieren ein Bolzen in den Kopf implantiert, über den sie schließlich in einer Apparatur festgeschraubt und somit absolut bewegungsunfähig gemacht werden. Auf diese Weise fixiert, müssen sie täglich stundenlang ausharren und verschiedene Aufgaben bewältigen; durch Flüssigkeitsentzug werden sie gefügig gemacht und zur Mitarbeit gezwungen.

Kreiters Versuche dienen überwiegend der Grundlagenforschung. Seit nunmehr 18 Jahren werden konkrete und auf den Menschen übertragbare Ergebnisse angekündigt, bleiben aber aus.

Max-Planck-Institut Tübingen

Im September 2014 veröffentlichte die Tierrechtsorganisation SOKO Tierschutz Undercover-Aufnahmen aus dem Max-Planck-Institut (MPI) für biologische Kybernetik in Tübingen aus der Arbeitsgruppe „Physiologie kognitiver Prozesse" unter der Leitung von Prof. Dr. Logothetis. Die Bilder zeigen schwer verletzte Affen mit blutenden Wunden, ein Affe taumelt und übergibt sich, sogenannte Wissenschaftler zerren Affen mittels eines Halsrings und einer Metallstange aus ihrem Käfig und fixieren sie somit verbotenerweise unter Zwang in einem Primatenstuhl.

Die Aufnahmen machen deutlich, dass die Belastung für die Tiere bei diesen Versuchen extrem hoch ist. Wie auch in Bremen werden die Affen durch Flüssigkeitsentzug zur Mitarbeit gezwungen. Richtige Reaktionen werden mit ein Paar Tropfen Saft oder Wasser belohnt. Die Tiere sind zum Teil so durstig, dass sie die Gitterstäbe ihres Käfigs auf der Suche nach kondensierendem Wasser ablecken oder aus Verzweiflung sogar ihren eigenen Urin trinken.[1]

Bürger, Medien und Politik reagierten mit Entsetzen auf die Bilder und Informationen, die das Leiden der Affen ungeschminkt zeigen. Das brisante Material entfachte erneut die Debatte um die Notwendigkeit und ethische Vertretbarkeit von Experimenten an nichtmenschlichen Primaten. Das Thema spaltete auch die grün-rote Landesregierung. Der grüne Tübinger Oberbürgermeister Boris Palmer und Wissenschaftsministerin Theresia Bauer positionierten sich gegen ihre eigene Partei und vertraten den Standpunkt der Vivisektoren. Landesvorsitzende Thekla Walker teilte hingegen mit: „Der Zustand und die Behandlung der gezeigten Affen sind erschütternd und überschreiten nach meiner Auffassung die gesetzlichen Grenzen."[2]

Die Max-Planck-Gesellschaft (MPG) wies die Vorwürfe zurück, beauftragte aber einen externen Experten, den Leiter des Göttinger Primatenzentrums, mit einer Überprüfung der Affenhaltung. Dieser konnte jedoch keine Vernachlässigung der Tiere feststellen. Die MPG kündigte außerdem weitere Maßnahmen an, unter anderem die Einstellung eines zweiten Tierarztes und eine Beobachtung der Primaten nicht nur tagsüber, sondern auch in der Nacht nach einer Operation. Auf den Einsatz von Führungsstangen bei Trainingsmaßnahmen soll zukünftig verzichtet werden. Die Genehmigungsanträge für weitere Versuche seien vorerst ausgesetzt worden.

Einige Wochen später durchsuchten die Staatsanwaltschaft Tübingen und Ermittler des Fachbereichs Gewerbe/Umwelt des Polizeipräsidiums Reutlingen auf Beschluss des Amtsgerichts Tübingen die Räume des MPI und stellten umfangreiche Unterlagen und Aufzeichnungen sicher. Es bestand aufgrund mehrerer Strafanzeigen der Anfangsverdacht, dass es im Zusammenhang mit den gefilmten Versuchen an Affen zu zwei Verstößen gegen das Tierschutzgesetz gekommen sein soll. Die Auswertung dauert noch an.[3]

Universität Würzburg

Zeitgleich mit der Debatte um die Affenversuche in Tübingen veröffentlichte die Tierrechtsorganisation PETA USA brisantes Bild- und Videomaterial, das zeigt, wie Affenbabys für psychologische Experimente in Laboren der US-amerikanischen Gesundheitsinstitute (National Institutes of Health, NIH) missbraucht werden. Alleine in den letzten sieben Jahren wurden die grausamen Experimente mit mehr als 30 Millionen US-Dollar finanziert.

Viele der Tiere werden gezielt mit der genetischen Veranlagung für psychische Störungen gezüchtet. Die Hälfte aller neugeborenen Affen wird innerhalb weniger Stunden nach der Geburt für immer von ihren Müttern getrennt. Einige Babyäffchen erhalten „Ersatzmütter" bestehend aus einer Wärmflasche mit Frotteebezug. Wie bereits in den früheren Experimenten der „Forscher" Harlow und Suomi neigen diese mutterlosen Affenbabys verstärkt dazu, an schweren Angstzuständen, Aggressionen, Depressionen, Durchfall, Haarausfall und anderen körperlichen und psychischen Leiden zu erkranken. Darüber hinaus entwickeln sie leichter selbstzerstörerisches Verhalten und beißen sich beispielsweise selbst oder reißen sich das eigene Fell aus.

Die Affen leiden über viele Jahre in den entsetzlichen und oftmals auch schmerzhaften Experimenten. Ziel der Experimentatoren ist es, die Symptome ihrer psychischen Erkrankung zu verschlimmern und den Schweregrad ihrer seelischen Traumata zu untersuchen. Derzeit werden rund 200 junge Äffchen in diesen grauenhaften Experimenten eingesetzt. Insgesamt leben dauerhaft etwa 500 Affen in den NIH-Laboren von Suomi.

Auch deutsche Wissenschaftler sind an diesen Deprivationsversuchen beteiligt. Laut einem Bericht aus dem Jahr 2013 sind Professor Klaus-Peter L., Lehrstuhlinhaber für molekulare Psychiatrie an der Universität Würzburg, und Professor Andreas R., stellvertretender Direktor der Klinik für

Psychiatrie, Psychosomatik und Psychotherapie der Universität Würzburg, an dem NIH-Projekt beteiligt.[4] 2011 waren L. und R. Mitverfasser einer Studie über Experimente der NIH, in denen neugeborene Makaken direkt nach der Geburt von ihrer Mutter getrennt wurden. Das Experiment sollte ermitteln, inwiefern Stress in einem frühen Lebensabschnitt mit den Genen interagiert und damit die Entwicklung nachteilig beeinflusst. Diese Studie wurde teilweise durch Fördergelder des Sonderforschungsbereiches TRR-58 Z02 der Deutschen Forschungsgesellschaft (DFG) finanziert. Das Projekt TRR-58 Z02 wird bereits seit 2008 finanziell gefördert und ist bis heute nicht abgeschlossen. In seinen derzeitigen Experimenten an der Universität Würzburg untersucht L. Angst und Furcht an gentechnisch veränderten Mäusen.

Infolge der Berichterstattung von PETA Deutschland über die psychologischen Experimente an Affenbabys richtete die SPD in Bayern eine schriftliche Anfrage an die Universität Würzburg und das Kultusministerium Bayern, worin sie umfassende Auskünfte über deren Beteiligung an dem Forschungsprojekt, die Sinnhaftigkeit der Versuche, Experimente an Primaten in Bayern allgemein, die Verwendung von Steuergeldern für diese überflüssigen Versuche u. v. m. verlangte. Einige Monate später folgte die ausführliche Antwort, in der das Ministerium viele der Öffentlichkeit bislang unbekannte Informationen offenlegen musste.[5]

Die Kooperation mit den NIH-Instituten wird eindeutig bestätigt. Außerdem geht hervor, dass von 2009 bis 2013 alleine in Bayern insgesamt 178 Affen für Versuchszwecke missbraucht wurden und in diesem Zeitraum mehr als 26.000 Euro Steuergelder nur für den Einkauf dieser Tiere verschwendet wurden. Die Universität gibt sogar zu, dass eine Übertragbarkeit der Forschungsergebnisse aus diesen Tierversuchen auf den Menschen nicht garantiert werden kann.

Die SPD-Landtagsfraktion forderte daraufhin die Bayerische Staatsregierung auf, keine weiteren Tierversuche an Primaten mehr zu genehmigen und somit auch einen aktuellen neuen Antrag abzulehnen.

Quellen:

[1] *www.soko-tierschutz.org/de/tierversuche-tuebingen.html*

[2] *www.gruene-bw.de/themen/verbraucherschutz-agrar/news/article/die-bilder-von-tierversuchen-an-affen-verlangen-nach-aufklaerung-und-konsequenzen*

[3] *www.presseportal.de/polizeipresse/pm/110976/2937680/pol-rt-r-ume-des-max-planck-instituts-f-r-biologische-kybernetik-in-t-bingen-durchsucht*

[4] *PETA.de/Kindesmisshandlung*

[5] *bayernspd-landtag.de/workspace/media/static/antwort-auf-schriftliche-anfra-54e6023866e06.pdf*

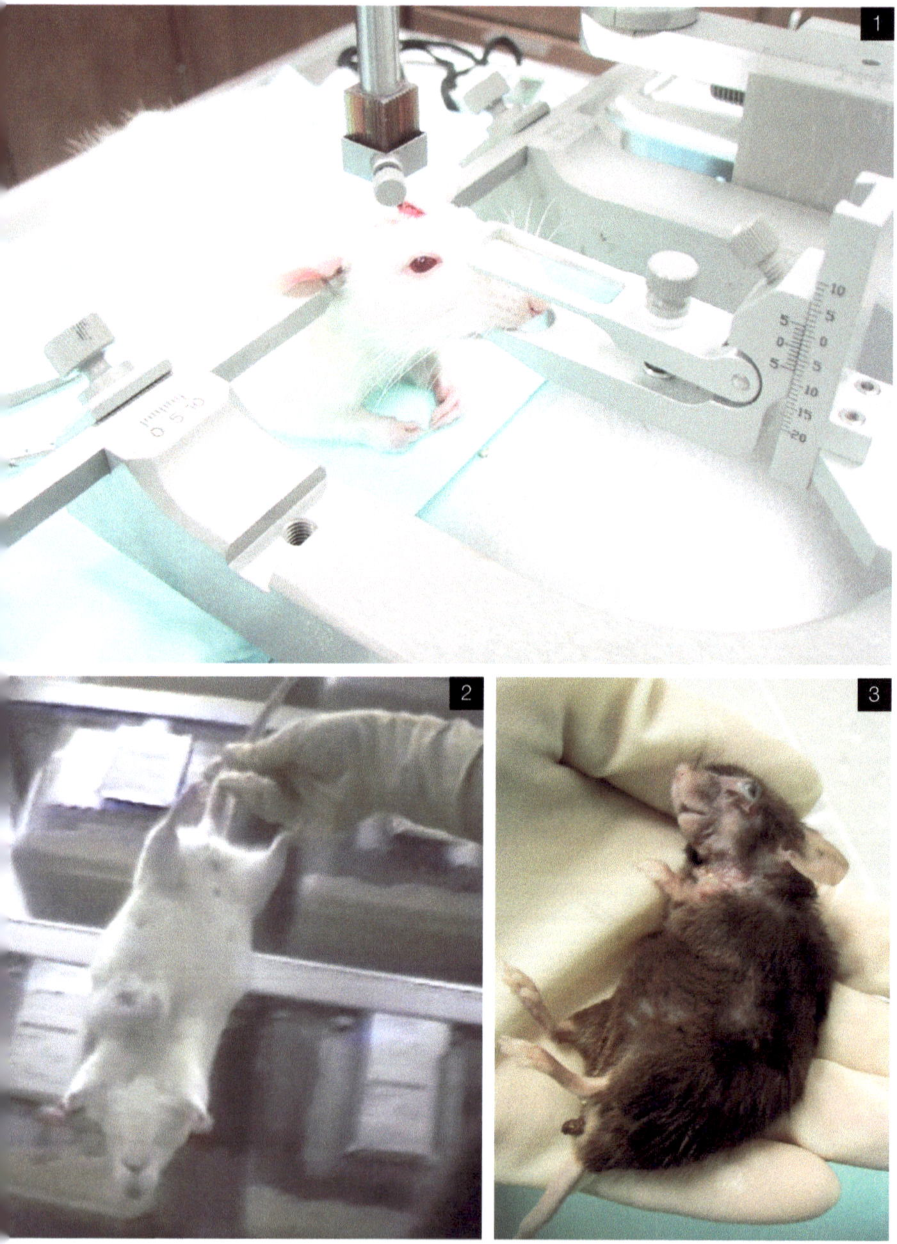

1 | 2 | 3 | Ratten im Tierversuch. University of North Carolina. © PETA USA

BETRUG IN DER WISSENSCHAFT
DER FORSCHUNGSSTANDORT BAD NAUHEIM

Im November 2014 brachte PETA Deutschland e.V. schwere Tierschutzverstöße in Hessen an die Öffentlichkeit. Jahrelang hatten vier Wissenschaftler des Franz-Groedel-Instituts in Bad Nauheim Tieren unnötiges und illegales Leid im Rahmen ihrer „Forschung" zugefügt, bevor die zahlreichen Verstöße gegen geltendes Recht bei der Staatsanwaltschaft Gießen aktenkundig wurden. Im September 2014 stellte die Staatsanwaltschaft das Verfahren gegen Zahlung hoher Geldbußen schließlich ein, obwohl sich die Täter jahrelang durch schwere Zuwiderhandlungen gegen das Tierschutzgesetz schuldig gemacht haben.

Die Arbeitsgruppe „Experimentelle Kardiologie" des Franz-Groedel-Instituts hat bis ca. 2012 gegen mehrere Auflagen des Regierungspräsidiums Darmstadt verstoßen und teilweise auch nicht genehmigte Tierversuche durchgeführt. Hunderte von Mäusen und mehrere Schweine mussten in diesen Experimenten unnötig leiden. Beispielsweise wurden Mäuse radioaktiv bestrahlt und anschließend an sieben aufeinander folgenden Tagen für jeweils 150 Minuten auf dem Rücken fixiert (Stress-Immobilisation) und letztendlich getötet. Für Mäuse, die bekanntermaßen Fluchttiere sind, bedeutet das unvorstellbare Qualen. Dieser Versuch zur sogenannten „Stress-induzierten Kardiomyopathie" wurde in dieser Form ohne Genehmigung durchgeführt.[1] Es fand hierzu auch eine Zusammenarbeit mit dem Max-Planck-Institut für Herz- und Lungenforschung in Bad Nauheim statt, einer der hier in strafrechtlich relevanter Weise agierenden Vivisektoren gehörte diesem Max-Planck-Institut an.[2]

Die Staatsanwaltschaft schreibt: „Das Verfahren wurde im September 2014 gegen vier Beschuldigte gemäß § 153a StPO mit Zustimmung des Gerichts nach Zahlung von Geldauflagen in Höhe von insgesamt 72.000,- EURO endgültig eingestellt. Die Auferlegung dieser Zahlungsverpflichtung war nach Ansicht der Staatsanwaltschaft und des Gerichts geeignet, das öffentliche Interesse an der Strafverfolgung zu beseitigen."[3]

Das Regierungspräsidium (RP) Darmstadt, welches die Verstöße bereits im Jahr 2012 aufdeckte und diese zur Anzeige brachte, sprach sich hingegen klar gegen eine Einstellung des Verfahrens aus. Die Behörde kündigte nun an, das Thema illegale Experimente an Tieren auf Länderebene heben zu wollen. Dort könnten Gesetzgebungsinitiativen begründet werden, um weiteren Quälereien in nicht genehmigten Tierversuchen vorzubeugen. Darüber hinaus soll die Korrektur der fehlerhaften Veröffentlichungen in renommierten Fachzeitschriften veranlasst werden, nachdem einige der

Vivisektoren in ihren Publikationen fälschlicherweise angegeben hatten, die Versuche seien vom RP Darmstadt genehmigt worden.

Auch Ursula Hammann, Vizepräsidentin des Hessischen Landtags und fachpolitische Sprecherin für Natur- und Tierschutz, und Kreistagsabgeordneter Marcus Stadler von Bündnis 90/Die Grünen reagierten auf die Entscheidung der Staatsanwaltschaft Gießen mit Fassungslosigkeit und betonen, dass „die jede Grenze überschreitenden Vivisektionen im Interesse des Tierschutzes zu einer öffentlichen Gerichtsverhandlung (hätten) führen müssen".

Die Deutsche Stiftung für Herzforschung (DSHF), die einen Großteil der illegalen Experimente mitfinanziert hatte, reagierte unverzüglich und verhängte eine Karenzzeit von sechs Monaten, in der keinerlei finanzielle Mittel an das zur Kerckhoff-Klinik gehörende Franz-Groedel-Institut und die betreffenden „Wissenschaftler" fließen sollten. Der interne Antrags- und Bewilligungsprozess für das Projekt und eine mögliche Rückforderung der Fördergelder werden außerdem zurzeit noch durch einen externen Gutachter überprüft. Des Weiteren bat die DSHF den Direktor der Abteilung für Kardiologie der Kerckhoff-Klinik um eine Stellungnahme zu den Hintergründen der Einstellung des Ermittlungsverfahrens gegen Geldauflage, die Antwort steht noch aus. Der Vorstand der DSHF hat beschlossen, die Förderrichtlinien noch strenger zu fassen, insbesondere im Zusammenhang mit der Durchführung von Tierversuchen.

Quellen:

[1] *Bescheid des Regierungspräsidiums Darmstadt v. 20. Juni 2012, Az.: V 54 – 19 c 20/15 – B 2/Allg. / PETA.de/Illegale-Tierversuche-am-Franz-Groedel-Institut-Bad-Nauheim*

[2] *Telefax der Staatsanwaltschaft Gießen vom 6. November 2014 an Dr. Haferbeck/Stuttgart*

[3] *Antragsunterlagen zu den Versuchen aus 2008*

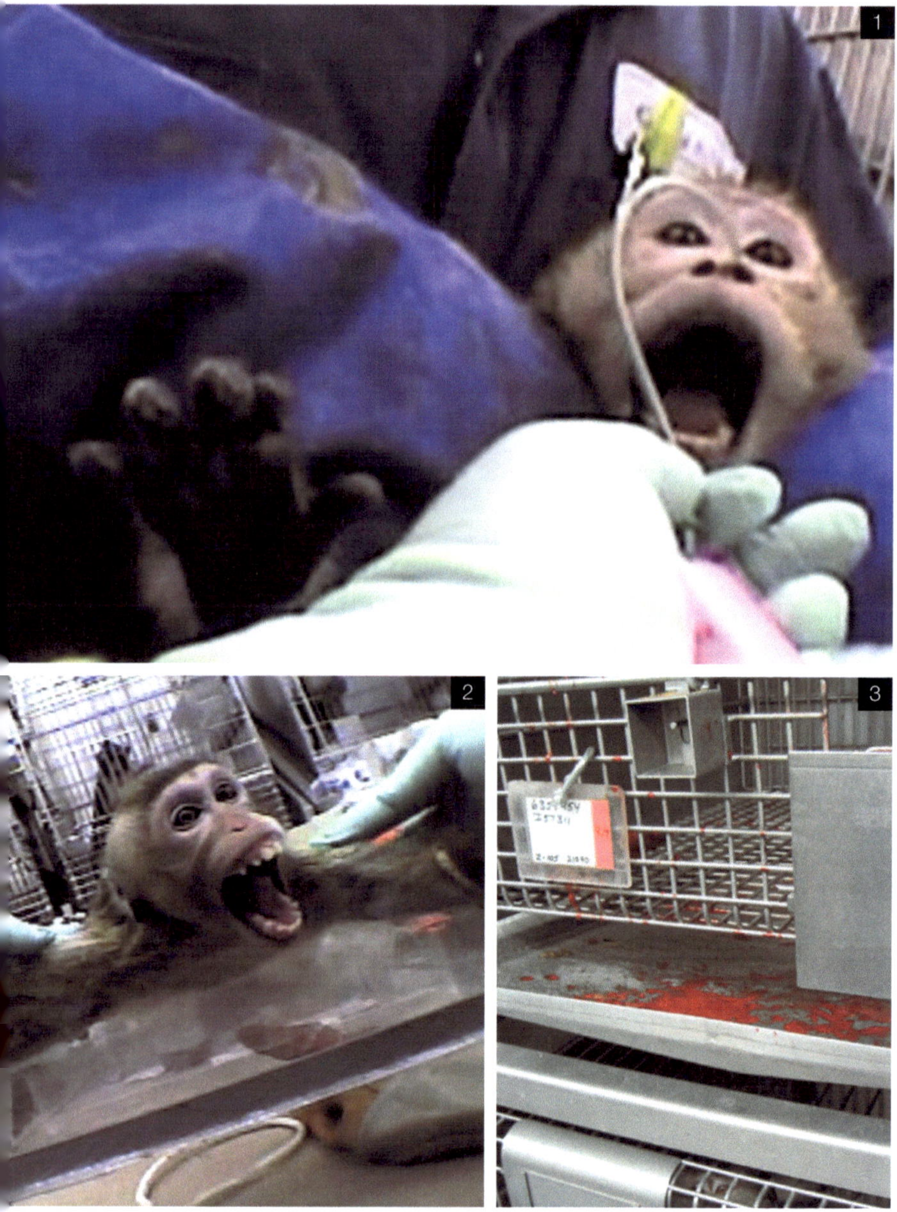

1 | 2 | 3 Affenversuche im Covance-Versuchslabor Virginia © PETA USA

DER LEIDVOLLE TRANSPORT VON PRIMATEN ZU TIERVERSUCHSLABOREN IN ALLER WELT/ IN DEUTSCHLAND

Zu Beginn des Jahres 2014 transportierten noch zwei große Fluggesellschaften Primaten zu Versuchslaboren weltweit, unter anderem auch nach Deutschland – China Southern Airlines (CSA) und Air France.[1] Im März 2014 kündigte CSA, die größte Fluggesellschaft der Volksrepublik China, an, ab sofort keine Affen für Versuchszwecke mehr zu transportieren. Das bestätigte Chen Qiuhua, Senior Cargo Manager von CSA, der Tierrechtsorganisation PETA USA am 21. März 2014 in einem Schreiben. Das Unternehmen reagiert damit unter anderem auf die jahrelange weltweite Kampagnenarbeit von PETA USA und seinen Schwesterorganisationen.[2]

Nach dem Rückzug von China Southern aus dem Geschäft mit den Primatentransporten verbleibt Air France als letzte große Fluggesellschaft, die noch immer Affen zu Versuchslaboren fliegt.[3]

Die von Air France transportierten Tiere entstammen heruntergekommenen, beengten Massenzuchtanlagen auf der Insel Mauritius. Die Affen werden dort in der Wildnis gefangen und ihren Familien und ihrem natürlichen Lebensraum entrissen. Anschließend werden sie zur Züchtung von sogenannten Versuchstieren missbraucht. Mauritius ist weltweit der zweitgrößte Exporteur für Javaner Affen (auch Langschwanzmakaken genannt) und verkauft diese an Versuchslabore in aller Welt.[4]

Eine Recherche der britischen National Anti-Vivisection Society (NAVS) dokumentiert schockierende Misshandlungen von Affenbabys auf der Insel. Fotos und Videoaufnahmen zeigen, wie die Babys ohne Schmerzmittel tätowiert, in winzige Boxen gesperrt und dann von Air France zu Laboren verschickt werden. Nach einer bis zu 30 Stunden dauernden Reise gelangen die Tiere zu ihrer Endstation, einem Tierversuchslabor. Dort werden sie durch Flüssigkeits- und Nahrungsentzug gefügig gemacht und müssen tagtäglich schmerzvolle Experimente über sich ergehen lassen, bis sie nach Wochen, Monaten oder sogar Jahren an den Folgen sterben oder getötet werden.[5]

Alleine im Jahr 2013 wurden mehr als 6000 Affen aus Mauritius exportiert – Tendenz steigend. Mehr als die Hälfte davon ging nach Europa, Deutschland kaufte 752 Langschwanzmakaken und liegt damit im europäischen Vergleich auf Platz 3, direkt hinter Großbritannien und Frankreich. Einer der Hauptabnehmer in Deutschland ist das berüchtigte Tierversuchslabor Covance in Münster.

Nach umfassenden Gesprächen mit PETA USA transportieren die Fluglinien United Airlines, China Eastern Airlines, Philippine Airlines und Vietnam Airlines seit 2013 keine Primaten mehr zu Laboren. Lufthansa, British Airways, Aer Lingus, Qantas, American Airlines, Cathay Pacific und alle anderen großen Fluglinien beteiligen sich grundsätzlich nicht an der brutalen Industrie und haben den Transport von Primaten an Versuchseinrichtungen untersagt.

Quellen:

[1] *www.aerzte-gegen-tierversuche.de/de/presse/aktuelle-pressemitteilungen/1436-13-maerz-2014*

[2] *PETA.org/blog/china-southern-airlines-ends-shipments-primates*

[3] *http://sinosphere.blogs.nytimes.com/2014/03/27/airline-buckles-to-pressure-from-peta-on-monkey-cargo/#more-8150*

[4] *www.buav.org/article/1498/buav-renews-its-call-to-end-the-trade-in-primates-from-mauritius*

[5] *Veganblog.de/2014/03/21/urlaubsparadies-mauritius-die-realitaet-abseits-des-tourismus*

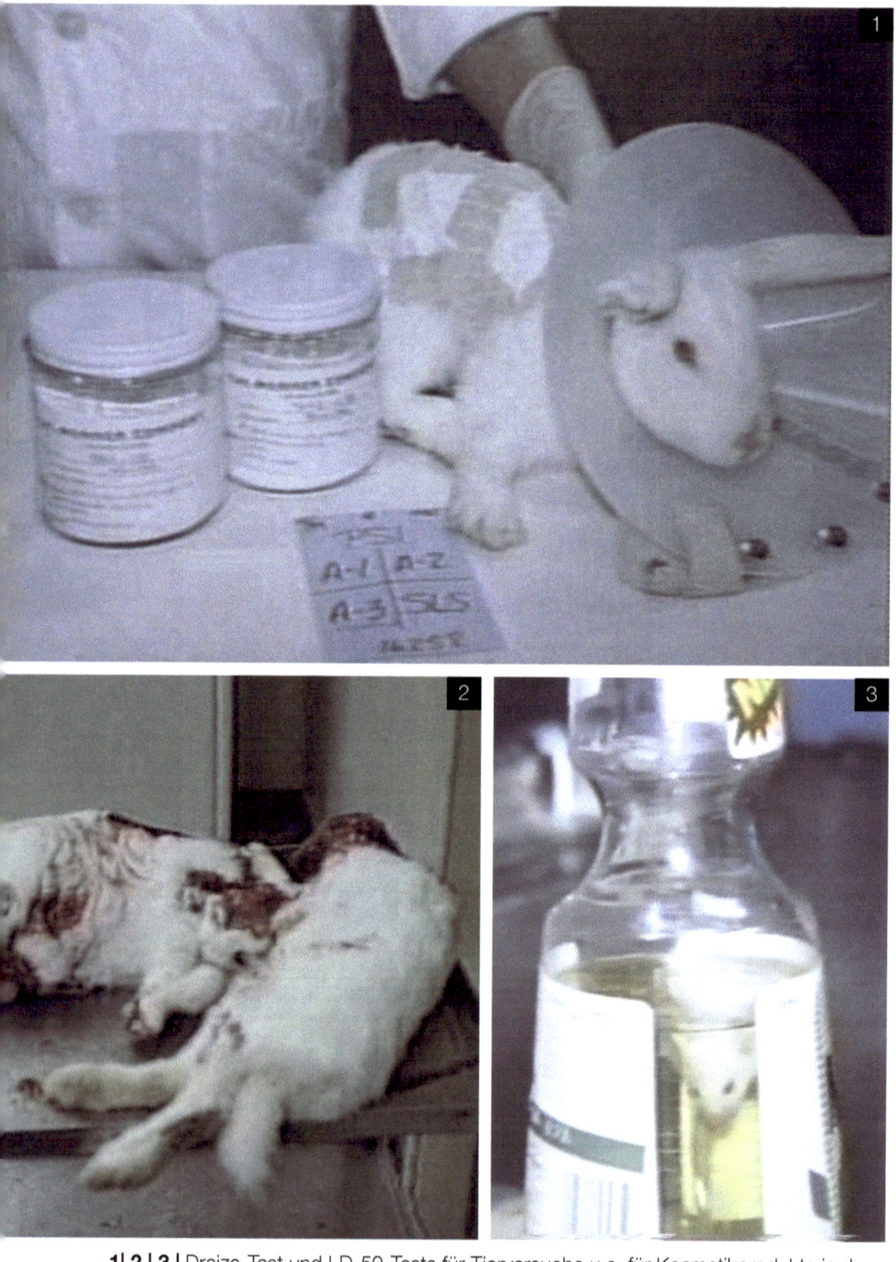

1| 2 | 3 | Draize-Test und LD-50-Tests für Tierversuche u.a. für Kosmetikprodukte in der Vergangenheit. Kaninchen, Ratten und Mäuse. Inside Biosearch © PETA USA

TIERVERSUCHE IN DER PRODUKTENTWICKLUNG

2003 entschied die EU-Kommission, alle Tierversuche für Kosmetikprodukte zu verbieten und alle Kosmetika, deren Inhaltsstoffe an Tieren getestet wurden, ebenfalls nach und nach vom europäischen Markt zu verbannen. 2009 trat das Verkaufsverbot in Kraft, allerdings mit der Ausnahme bestimmter Tests für kosmetische Inhaltsstoffe, die nach wie vor erlaubt waren. Seit dem 11. März 2013 ist EU-weit der Verkauf von Kosmetika verboten, für deren Inhaltsstoffe nach diesem Datum Tierversuche durchgeführt wurden.[1] Doch das Jahr 2014 hat bewiesen, dass dieses Verbot nicht weitreichend genug ist und die Mehrheit der in Europa vermarkteten Kosmetikprodukte nach wie vor nicht tierversuchsfrei ist. Auch sind Bezeichnungen wie „tierversuchsfrei“ oder „ohne Tierversuche“ nach wie vor nicht geschützt und können ohne jede Kontrolle/Nachweis auf Produktverpackungen abgedruckt werden.

Das Gesetz von 2013 weist nach wie vor Schlupflöcher auf. Es bezieht sich nämlich lediglich auf Produkte und Inhaltsstoffe, die ausschließlich kosmetischen Zwecken dienen. In den meisten Kosmetika sind aber Bestandteile enthalten, die auch in Reinigern, Waschmitteln und vielem mehr zum Einsatz kommen (beispielsweise Duft- und Farbstoffe). Diese fallen unter die europäische Chemikalienrichtlinie REACH, womit automatisch Tierversuche für diese vorgeschrieben sind. De facto sind also die meisten Kosmetikprodukte in Europa noch immer nicht tierversuchsfrei.

Auch für Botox wurden 2014 wieder viele Tierversuche durchgeführt. Dies geht aus der Antwort der Bundesregierung auf eine Anfrage der Fraktion Bündnis 90/Die Grünen hervor. Vor allem Tausende von Mäusen starben qualvoll für dieses „Anti-Falten-Mittel“.[2]

Das Jahr 2014 war dadurch geprägt, dass es Kosmetikhersteller auf internationale Märkte, die für die Zulassung und Vermarktung von Kosmetika Tierversuche zwingend vorschreiben, so etwa in China, zieht. Das bedeutet: Auch wenn ein Produkt in Deutschland verkauft wird und damit unter die europäische Gesetzgebung fällt, ist es trotzdem möglich, dass zeitgleich das gleiche Produkt in einem anderen Land in Experimenten an Tieren getestet wird.

Aus diesem Grund zog sich beispielsweise der Konzern LOGOCOS mit all seinen Marken bereits Ende 2013 vollständig aus dem chinesischen Markt zurück und rief zu Beginn 2014 gemeinsam mit PETA Deutschland e.V. die Kampagne „Dem Leben verpflichtet“ ins Leben. Ziel ist es, die chinesischen Behörden zum Umdenken zu bewegen und sie davon zu überzeugen, auf moderne, tierleidfreie Methoden umzusteigen. Außerdem werden andere Kosmetikhersteller dazu aufgerufen dem Beispiel der Kampagne zu folgen und sich aus China zurückzuziehen. PETA würdigte dieses Engagement von LOGOCOS und verlieh dem Unternehmen im Februar 2014 den „Courage in Commerce"-Award.[3]

Quellen:

[1] *http://ec.europa.eu/growth/sectors/cosmetics/index_en.htm*

[2] *http://dipbt.bundestag.de/dip21/btd/18/021/1802189.pdf*
www.gruene-bundestag.de/themen/tierschutz/100-maeuseleben-fuer-1-botox_ID_4392604.html
Veganblog.de/2014/06/20/botox-das-leiden-der-tiere-fuer-die-schoenheit-des-menschen

[3] *Veganblog.de/2014/02/25/courage-commerce-award-peta-wuerdigt-das-engagement-von-logocos*
www.dem-leben-verpflichtet.com/die-kampagne.html

1 | Etwa 150 bis 200 Tiger und Löwen werden in deutschen Zirkusbetrieben gehalten. **2** | Affenhaltung im Zirkus ist Tierquälerei. **3** | Hoffnungsloser Löwe im Circus Krone. **4** | Elefanten werden üblicherweise an zwei Beinen angekettet - vor allem nachts.

UNTERHALTUNG

SYSTEMBEDINGTE TIERQUÄLEREI IM ZIRKUS
CDU/CSU BLOCKIERT WEITERHIN DAS WILDTIER-VERBOT

Am 20. August 2014 übergab die Tierrechtsorganisation PETA Deutschland e.V. im Rahmen einer spektakulären Aktion vor dem Brandenburger Tor dem zuständigen Bundesagrarministerium in Berlin über 620.000 Unterschriften für ein Wildtierverbot im Zirkus. Der Tag markiert den 20. Todestag der Elefantendame Tyke, die nach einem Ausbruch aus einem Zirkus auf Hawaii mit über 80 Gewehr- und Pistolenkugeln getötet wurde. Auf der Kampagnenseite TYKE2014.de wurde die Petition mit einem aufwändigen Dokumentarfilm beworben. Darin erinnern sich ein Affe, ein Tiger und ein Zebra an ihre ehemalige Zirkus-Weggefährtin, die Elefantendame Tyke. Die fiktiven Tiere sind 3-D-animiert und realitätsgetreu bis zu den Haarspitzen echten Wildtieren nachempfunden. Gesprochen werden sie von den prominenten PETA-Unterstützern Sky du Mont, Schorsch Kamerun und Irm Hermann. Nova Meierhenrich und Kaya Yanar unterstützen den Aufruf in einem kurzen Einspieler.

Kurz zuvor, im Juni 2014, hatte PETA die Ergebnisse einer repräsentativen Forsa-Umfrage[1] veröffentlicht: 82 Prozent der Deutschen sind der Auffassung, dass Wildtiere nicht artgerecht im Zirkus gehalten werden können. Obwohl sogar 86 Prozent der CDU/CSU-Anhänger diese Meinung vertreten, hat der Vorsitzende der CDU/CSU-Bundestagsfraktion, Volker Kauder, im September 2014 in einem Schreiben deutlich gemacht, dass die Fraktion ein Verbot von Wildtieren im Zirkus weiterhin ablehnt. Schon 2010 und 2011 hatte die CDU/CSU Anträge der SPD und der Grünen im Bundestag abgeschmettert.

Volker Kauder ist „Ehrenfan" des Circus Krone und besucht den Münchner Zirkusbetrieb regelmäßig. Dabei stört Herrn Kauder auch nicht, dass die Zirkusdirektorin Christel Sembach-Krone bereits wegen Verstoßes gegen das Tierschutzgesetz rechtskräftig verurteilt wurde und Amtstierärzte und Staatsanwaltschaften wiederholt erhebliche Missstände bei Circus Krone festgestellt haben. In den Dokumenten ist beispielsweise von „erheblichen Leiden" der Pferde die Rede, bei den Elefanten wurden „deutliche Haltungsmängel und Verhaltensstörungen" nachgewiesen.[2]

Mitte September 2014 stellte die Grünen-Bundestagsfraktion eine Kleine Anfrage an die Bundesregierung zum Thema Wildtierverbot in Zirkussen, die von PETA mit initiiert wurde. Das Bundesagrarministerium teilte darauf hin mit[3], dass im zuletzt erfassten Berichtsjahr 2011 bei 895 amtstierärztlichen Kontrollen in Zirkusbetrieben 409 Verstöße gegen die Haltungsanforderungen für Tiere festgestellt wurden – also bei fast jeder zweiten Kontrolle.

Anfang 2012 waren knapp 330 Zirkusse registriert, wovon 141 Betriebe Wildtiere hielten – darunter 148 Großkatzen, 82 Elefanten, 9 Großbären, 4 Giraffen, 4 Nashörner sowie 3 Flusspferde.

Vor allem aufgrund der Blockadehaltung von Volker Kauder und seiner CDU/CSU-Fraktion müssen Elefanten, Tiger, Löwen, Flusspferde, Giraffen und viele weitere Tierarten im Zirkus weiterhin unter den mangelhaften Haltungsbedingungen, den stundenlangen Transporten und vor allem unter der von Gewalt und Zwang geprägten Dressur leiden. Elefanten beispielsweise werden bei Circus Krone, Zirkus Charles Knie und in anderen Zirkussen jede Nacht ihres Lebens an zwei Beinen angebunden, so dass sie sich kaum bewegen können. Kein Raubkatzen-Dompteur kommt ohne Peitsche oder Stock aus, um den Tieren damit ihren Willen aufzuzwingen.

Im Oktober 2014 haben 15 große deutsche Tierschutz-/Tierrechts- und Artenschutzverbände ein gemeinsames Schreiben an Bundeslandwirtschaftsminister Christian Schmidt (CSU) verfasst. Die Organisationen begründeten auf 20 Seiten ausführlich, warum das Tierleid insbesondere für Wildtiere im Zirkus systembedingt ist und nur ein Verbot bestimmter Tierarten Abhilfe schaffen kann.

Glücklicherweise berichten die Medien immer kritischer über die systembedingte Tierquälerei: Die Zusammenfassung des „38. Internationalen Zirkusfestivals von Monte Carlo“ in der ARD enthielt 2014 keine Szenen mit Wildtierdressuren. PETA hatte zuvor an den Sender appelliert, die Szenen mit Elefanten und Raubkatzen nicht auszustrahlen, und argumentiert, dass die Haltung und Dressur von Wildtieren im Zirkus nicht mit dem Tierschutz vereinbar ist.

Die Menschen in Deutschland werden angesichts der Untätigkeit der Politik immer wütender über die allseits präsente Tierquälerei. 2014 wurden in Deutschland mehr Protestaktionen vor Zirkusbetrieben durchgeführt als je zuvor. Andere Länder machen vor, wie es geht: Allein 2014 haben Belgien, die Niederlande, Panama und Mexiko Zirkus-Wildtierverbote beschlossen. Mittlerweile haben insgesamt 18 EU-Staaten bestimmte oder alle Tierarten aus Gründen des Tierschutzes im Zirkus verboten. Immer mehr deutsche

Städte vermieten keine Flächen mehr an Zirkusbetriebe, die Wildtiere mitführen.[4] Deutschland gehört nun zu den Schlusslichtern in Sachen Tierschutz im Zirkus.

<u>*Quellen:*</u>

[1] forsa. Gesellschaft für Sozialforschung und statistische Analysen mbH (2014). Umfrage online auf PETA.de/mediadb/Forsa-Umfrage_Wildtiere_Zirkus.pdf

[2] PETA Deutschland e.V. PETA.de/CircusKrone

[3] Deutscher Bundestag. DS 18/2690 (2014): Antwort der Bundesregierung. Online auf http://dip21.bundestag.de/dip21/btd/18/026/1802690.pdf

[4] PETA Deutschland e.V. PETA.de/VerbotWildtiereImZirkus

1 | Gorilla Vimoto mit offenen Wunden an den Händen im Wuppertaler Zoo
2 | Alle gut 30 Eisbären in deutschen Zoos leiden an Verhaltensstörungen.
3 | Delfine leiden in Gefangenschaft. **4** | Mangelhafte Löwenhaltung im Tierpark Hagenbeck

TIERHALTUNG IM ZOO
DAS NEUE „SÄUGETIERGUTACHTEN“

Über vier Jahre lang haben Zoodirektoren und Tierschützer um neue Richtlinien für die Säugetiertierhaltung in Zoos und in Privathand gerungen. Unter der Federführung des Bundesagrarministeriums wurde im Mai 2014 schließlich das überarbeitete „Gutachten über die Mindestanforderungen an die Haltung von Säugetieren“ veröffentlicht.[1] Am Ende durften sich die Zoodirektoren mit ihren Positionen durchsetzen, denn im Bundeslandwirtschaftsministerium wird Tierschutz wegen der starken Agrarlobby traditionell ganz klein geschrieben. Dennoch haben die Tierschützer (PETA war als einzige Tierrechtsorganisation ebenfalls in den Arbeitsprozess einbezogen) bis zur letzten Minute hart um jeden Quadratmeter „mehr“ für die Tiere gekämpft. Obwohl die neuen Vorgaben nicht einmal ansatzweise als tiergerecht zu bezeichnen sind, stellen sie die Zoos doch vor große Herausforderungen. Denn jahrzehntelang wurden viele Tiere in bunkerähnlichen Anlagen unter tierquälerischen Bedingungen gehalten. So muss einer Schimpansengruppe künftig ein Gehege von insgesamt 400 Quadratmetern zur Verfügung stehen, während bisher lediglich 50 Quadratmeter erlaubt waren. Beides hat zwar mit einer artgerechten Unterbringung nichts zu tun, wenn man sich vor Augen hält, dass Schimpansen in der Natur auf 30 bis 50 Quadratkilometer leben und Studien belegen, dass die intelligenten Menschenaffen selbst in größeren Zoos regelmäßig an psychischen Störungen erkranken.[2] Doch die Zoos erhalten nun die Quittung dafür, dass sie die Tiere jahrzehntelang unter höchst tierquälerischen Bedingungen in enge Käfige und trostlose Betonbauten eingesperrt haben.

Weil die meisten Tiergefängnisse in Deutschland, insbesondere die großen Stadtzoos, ohnehin durch öffentliche Subventionen bezuschusst werden, zahlt die Rechnung für die Umbauten am Ende meist der Steuerzahler. Leider liegt die zeitliche Umsetzung der neuen Richtlinien in der Verantwortung der örtlichen Veterinärämter, die oftmals eher gute Kontakte zu Zoos unterhalten und meist nicht als funktionierendes Aufsichtsorgan fungieren. Die neuen Richtlinien sind auch „nur“ Richtlinien und kein Gesetz und keine Verordnung, so dass Tierrechts- und Tierschutzorganisationen sowie lokale Tierfreunde vielerorts hart für die Durchsetzung der neuen Mindestanforderungen kämpfen werden müssen. Dennoch sind bereits jetzt in vielen Zoos Tierabgaben, Gehegezusammenlegungen und Verkleinerungen von Populationen zu beobachten. Dafür hat sich die mehrjährige Mitwirkung an dem Gutachten gelohnt.

Das alles darf nicht darüber hinwegtäuschen, dass auch in den neuen Richtlinien tierquälerische Haltungsbedingungen verschriftlicht wurden: Weiterhin dürfen auch hochsensible Tierarten wie Eisbären, Menschenaffen, Delfine und Großkatzen in Gefangenschaft werden, die schon nach kurzer Zeit in den trostlosten Gehegen sichtliche Verhaltensstörungen entwickeln. Weiterhin darf das mit etwa 100 km/h schnellste Landsäugetier, der Gepard, auf nur 14 x 14 Meter gehalten werden. Weiterhin darf eine ganze Gibbonfamilie, die sich in der Natur durch die tropischen Wälder hangeln würde, auf nur 10 x 10 Meter gehalten werden, und ein Eisbär, der in der Natur bis zu 100 Kilometer am Tag läuft, muss im Zoo auf gerade einmal 20 x 20 Meter seine monotonen Runden drehen.

Einsatz von Psychopharmaka

Nachdem in den Vorjahren bereits der Einsatz von Psychopharmaka für Delfine im Tiergarten Nürnberg und für Tiger im Zoo Berlin bekannt wurde, sah sich der Zoo Wuppertal im Mai 2014 in Folge von Presseveröffentlichungen[3] gezwungen, die Verabreichung von Psychopharmaka für bestimmte Tiere offen zu legen. Laut Zoo-Verantwortlichen würden die Arzneimittel zwar lediglich im Rahmen von tierärztlichen Untersuchungen, Eingriffen oder Transporten eingesetzt. Entgegen dieser Behauptung finden sich in den Protokollen[4] jedoch auch Fälle, bei denen Verhaltensstörungen wie Stereotypien (Eisbär), Selbstverstümmelungen (Gorillas, Klammeraffe) oder aggressives Verhalten gegenüber Artgenossen (Löwe) durch einen teils längeren Einsatz von Psychopharmaka unterdrückt wurden.

Laut den vom Zoo Wuppertal veröffentlichten Protokollen, die PETA tierärztlich auswerten ließ, erhielt die sichtlich verhaltensgestörte Eisbärin Vilma zwischen dem 13. und dem 29. Januar 2011 sowie zwischen dem 27. Juni und dem 26. Oktober 2012 regelmäßig Psychopharmaka wie Diazepam und Perphenazin. Die Diagnose lautete Unruhe, Nervosität und Stereotypien. Die Flachland-Gorilladame Roseli wurde zwischen dem 25. Oktober 2013 bis zum 14. Juni 2014 offenbar wiederholt mit Diazepam und auch Lorazepam behandelt. Dies erfolgte zum Teil im Rahmen der medikamentösen Narkosevorbereitung, aber teilweise auch ausschließlich aus dem Grund, Selbstverletzungen im Bereich der Beine zu verhindern. Löwe Shawano zeigte seit dem Zusammenführen der Gruppe aggressives Verhalten den anderen Tieren gegenüber. Er wurde deswegen von Mitte Mai bis Ende Oktober 2009 regelmäßig mit Diazepam behandelt. Die Schwarze Klammeraffendame Anja wurde 2005 zweimal im Zusammenhang mit aufgetretenen Selbstverstümmelungen am Bein mit Perphenazin behandelt, ein Medikament zur Behandlung von Psychosen. Flachlandgorilla Vimoto, der sich Augenzeugen zufolge regelmäßig Selbstverstümmelungen an den Händen zufügt, wurde im August 2013 über mehrere Tage mit Diazepam als Appetitanreger und wegen weiterer Gründe behandelt, die nicht näher definiert wurden.

PETA übt scharfe Kritik an der offensichtlich gängigen Praxis im Zoo Wuppertal und in anderen Zoos, verhaltensgestörte Tiere mit solchen Medikamenten ruhig zu stellen, anstatt die Gehege zu verbessern und die anspruchsvolle Sozialstruktur zu berücksichtigen. Für Tierarten wie Eisbären, Delfine oder Menschenaffen, die in Gefangenschaft systembedingt Verhaltensstörungen entwickeln, müssen anstelle von Psychopharmaka-Gaben auf politischer Ebene grundsätzliche Haltungsverbote beschlossen werden.

Eine gute Nachricht gab es 2014 aber dennoch im Zoo Wupperqual: Nach einer dreijährigen PETA-Kampagne für die Schimpansen Epulu und Kitoto im Zoo Wuppertal können die Tiere endlich ein Außengehege benutzen – zumindest für einige Stunden am Tag.[5] Die intelligenten Menschenaffen waren viele Jahre in einem kleinen bunkerähnlichen Innengehege aus Beton und Glas eingesperrt. Neben dem Primatologen Professor Dr. Volker Sommer und dem aus Wuppertal stammenden Schauspieler Christoph Maria Herbst hatten sich über 22.000 PETA-Unterstützer mit einer Petition für die Tiere eingesetzt.

Quellen:

[1] *Bundesministerium für Ernährung und Landwirtschaft (2014): Gutachten über die Mindestanforderungen an die Haltung von Säugetieren.* *www.bmel.de/DE/Tier/Tierschutz/Tierschutzgutachten/_texte/HaltungSaeugetiere.html*

[2] *Birkett LP, Newton-Fisher NE (2011): How Abnormal Is the Behaviour of Captive, Zoo-Living Chimpanzees? PLoS ONE 6(6): e20101. doi:10.1371/journal.pone.0020101*

[3] *Die Welt.* *www.welt.de/wissenschaft/umwelt/article127612535/Die-Tiere-in-deutschen-Zoos-stehen-unter-Drogen.html*

[4] *www.zoo-wuppertal.de/wir-informieren.html*

[5] *PETA Deutschland e.V.* *PETA.de/SchimpansenWuppertal*

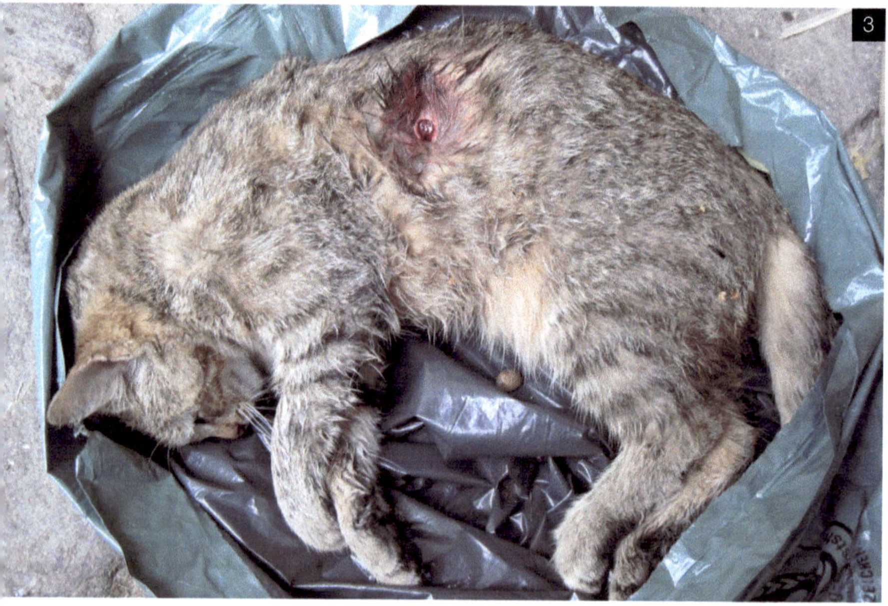

1 | Fuchs in Tellereisen. Die illegalen Fallen kommen immer wieder zum Einsatz.
2 | Illegaler Luderplatz, zum Anlocken von Fuchs und Marder
3 | Mehrere Hunderttausend Katzen werden jedes Jahr von Jägern getötet.
© www.abschaffung-der-jagd.de

DIE LUSTTÖTER IN WALD UND FLUR
DIE JAGD AM PRANGER

Das geltende Bundesjagdgesetz entspricht noch heute weitgehend seiner Fassung aus dem Jahre 1952. Der Versuch von Tier- und Naturschützern, vorangetrieben durch die BAG Mensch und Tier, eine weitgehende Novellierung des Bundesjagdgesetzes im Jahre 2004 zu erzielen, scheiterte. Die letzte geringfügige Änderung ergab sich im Jahr 2013. Aufgrund eines Urteils des Europäischen Gerichtshofes in 2012 wurde der Bundesregierung auferlegt, die Zwangsmitgliedschaft in den Jagdgenossenschaften aufzugeben und Grundeigentümern das Recht einzuräumen, die Jagd auf ihrem Grundstück zu verbieten.[1] Im Jahr 2014 wurden etliche Anträge auf Befriedung gestellt sowie mehrere Dutzend Grundstücke befriedet.

Auf Länderebene wurde die Abweichungsgesetzgebung im Zuge der Föderalismusreform im Jahre 2006 bislang nur zögerlich umgesetzt. Novellierungen der Landesjagdgesetze fanden (teilwiese sehr geringfügig) in den Ländern Rheinland-Pfalz, Saarland und Baden-Württemberg statt. Das Jahr 2014 war geprägt durch Debatten in den zuständigen Gremien in den Landtagen von Baden-Württemberg und Nordrhein-Westfalen, begleitet von Demonstrationen der Jäger auf der einen, der Natur-, Umwelt- und Tierschützer auf der anderen Seite. In Baden-Württemberg wurde das neue Jagd- und Wildtiermanagementgesetz im November 2014 verabschiedet und trat im April 2015 in Kraft.[2]

Im Zuge des in 2014 anhaltenden Novellierungsprozesses des Landesjagdgesetzes in Nordrhein-Westfalen haben sich zehn Verbände[3] aus dem Naturschutz sowie Tierschutz/Tierrecht zusammengeschlossen, um sich gemeinsam für mehr Tier- und Naturschutz im Landesjagdgesetz einzusetzen.

Ende 2014 veröffentlichte der Naturschutzbund Deutschland e.V. (NABU) die Ergebnisse einer umfassenden naturschutzfachlichen Bewertung des Bundesjagdgesetzes sowie aller 16 Bundesländer hinsichtlich einer ökologischen Ausrichtung der Jagd. Bis auf die Länder Rheinland-Pfalz, Saarland, Schleswig-Holstein, Nordrhein-Westfalen und Baden-Württemberg erfüllten die Landesjagdgesetze sowie das Bundesjagdgesetz nur weniger als 10 Prozent der NABU-Forderungen für ein ökologisches Jagdgesetz, in dem der Natur-, Arten- und Tierschutz sowie gesellschaftliche und ethische Normen berücksichtigt werden.[4]

Gezielte juristische Schritte gegen die Jägerschaft durch PETA Deutschland e.V. erhöhten in 2014 bundesweit den öffentlichen Druck auf die (in 2014) 368.904 registrierten Jagdscheininhaber. Die Tierrechtsorganisation stellte drei exemplarische Strafanzeigen[5] gegen etliche Jäger in Baden-Württemberg, Hessen und Sachsen-Anhalt, die an (teils revierübergreifenden) Gesellschaftsjagden beteiligt waren. In Wetzlar (Hessen) führte die öffentliche Ankündigung einer Strafanzeige dazu, dass eine schon grundsätzlich beschlossene großangelegte Fuchsjagd im Stadtgebiet dann nicht durchgeführt wurde. Im September 2014 wurde aufgrund einer Anzeige von PETA Deutschland e.V. ein Jäger wegen verbotswidriger Luderstellen zu einem Bußgeld von 250 Euro verurteilt. Der Bund für Umwelt und Naturschutz Deutschland e.V. (BUND) meldete 2014 zahlreiche Verstöße gegen das Landesjagdgesetz durch die Jägerschaft im Kreis Schleswig-Flensburg (Schleswig-Holstein). Die Umwelt- und Naturschützer konnten bei Exkursionen immer wieder Verstöße gegen das Jagdgesetz dokumentieren, wie beispielsweise unzulässige Mengen an Futtermitteln, illegale Fangkörbe gegen Habichte oder unsachgemäße Auslegung von Fallen.[6]

<u>Quellen:</u>

[1] *„Der Antrag ist schriftlich oder zur Niederschrift bei der zuständigen Behörde zu stellen. Der Entscheidung über den Antrag hat neben der Anhörung des Antragstellers eine Anhörung der Jagdgenossenschaft, des Jagdpächters, angrenzender Grundeigentümer, des Jagdbeirats sowie der Träger öffentlicher Belange vorauszugehen.“ (Auszug aus § 6a BJagdG)*

[2] *Mit dem 2014 beschlossenen Wildtiermanagementgesetz sind in Baden-Württemberg folgende Jagdpraktiken weitgehend verboten: Totschlagfallen, Baujagd am Naturbau, Abschuss von Hunden und Katzen.*

[3] *Bund für Umwelt und Naturschutz Deutschland LV NRW e.V. (BUND), Bund gegen Missbrauch für Tiere (BMT), Deutscher Tierschutzbund/Landestierschutzbund NRW e.V., Europäischer Tier- und Naturschutz e.V. (ETN), Komitee gegen Vogelmord e.V., PETA Deutschland e.V., Menschen für Tierrechte/Bundesverband der Tierversuchsgegner e.V., Naturschutzbund NRW e.V. (NABU), Animal public e.V., Natur ohne Jagd e.V., Wildtierschutz Deutschland e.V.*

[4] *NABU (2014): Bewertung der Jagdgesetze von Bund und Ländern*

[5] *Die Verfahren wurden eingestellt.*

[6] *www.shz.de/lokales/schleswiger-nachrichten/paramilitaerisch-und-illegal-naturschuetzer-attackieren-jaeger-id8928316.html*

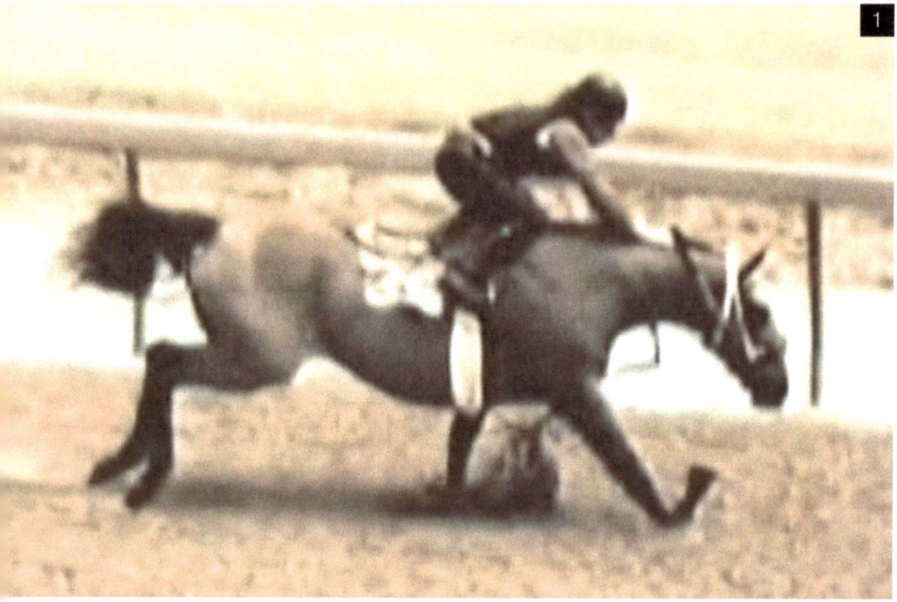

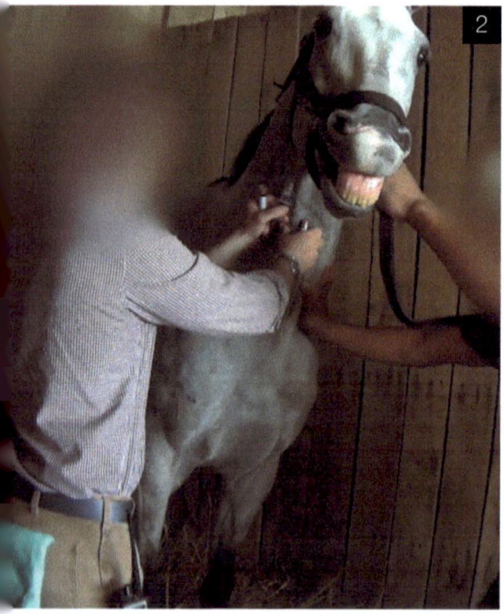

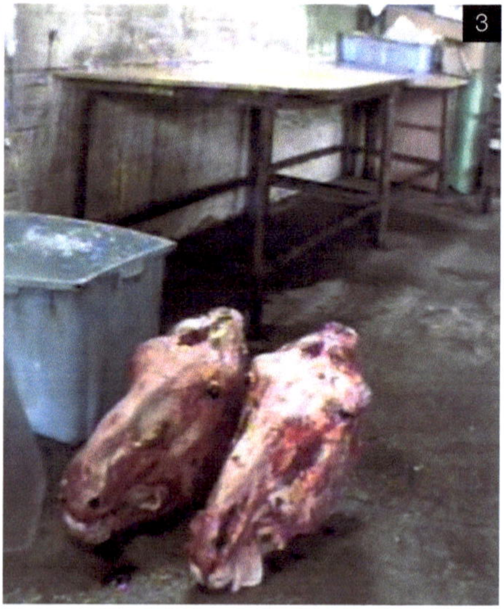

1 | Schwere Stürze und Knochenbrüche sind an der Tagesordnung. © PETA USA
2 | Schmerzmedikamente halten das Pferd leistungsfähig. © PETA USA
3 | Ausgediente oder verletzte Tiere landen meist im Schlachthof. © PETA USA

PFERDE ALS SPORTGERÄTE
TÖDLICHE UNFÄLLE WERDEN BILLIGEND IN KAUF GENOMMEN

Einer zwischen 2011 und 2013 durchgeführten Erhebung von PETA zufolge sterben in Deutschland jedes Jahr etwa 20 Pferde allein bei Galopprennen. Hinzu kommen zahlreiche Verletzungen oder Todesfälle beim Vielseitigkeitsreiten, beim Spring- und Dressursport und anderen Rennarten. Die Gesamtzahl der Pferde, die für den „Pferdesport" in Deutschland jedes Jahr durch Unfälle, Verletzungen und systembedingte Krankheiten ihr Leben lassen, liegt bei über 300 Tieren.

Nach einem erneut chaotischen Verlauf des Vielseitigkeitsturniers im niedersächsischen Luhmühlen im Juni 2014 mit einem toten und mehreren verletzten Reitern sowie einem toten Pferd[1] erstatte PETA Anzeige gegen die verantwortlichen Personen, weil den Pferden nach hiesiger Auffassung regelmäßig Leistungen abverlangt werden, denen sie nicht gewachsen sind – ein klarer Verstoß gegen das Tierschutzgesetz. Der 25-jährige Dortmunder Benjamin Winter stürzte beim Geländeritt und erlag im Krankenhaus seinen schweren Verletzungen. Ebenfalls beim Geländeritt erlitt eine Britin einen Schlüsselbeinbruch und eine Australierin Prellungen. Auf offener Strecke brach Fuchswallach Liberal tot zusammen – vermutlich aufgrund eines Abrisses der Hauptschlagader. Diese Todesursache ist keine Seltenheit im Hochleistungspferdesport. Bereits im Vorjahr kam bei dem Turnier in Luhmühlen ein Pferd aufgrund eines Sturzes zu Tode. Auch wenn das Strafverfahren von der Staatsanwaltschaft Lüneburg eingestellt wurde und der Landkreis Hamburg-Harburg desinteressiert reagierte[2], forderte der ehemalige Luhmühlener Turnierarzt Bernd Kabelka wesentliche Entschärfungen der Parcours: „Die Hindernisse müssen entschärft werden. Hinzu kommt: Die Strecken sind extrem lang. Nach fünf, sechs Kilometern wird das Pferd müde. Der Reiter ist zu dem Zeitpunkt vielleicht unkonzentrierter. Stürze sind vorprogrammiert", sagte Kabelka der Sport-Bild. Das Problem bei den Hindernissen sei, dass sie oftmals bei Berührung nicht nachgeben. „Es ist, als würde das Pferd gegen eine Wand anlaufen. Wenn es beim Sprung hängen bleibt, überschlägt es sich und stürzt im schlimmsten Fall mit einer halben Tonne Gewicht auf den Reiter", sagte Kabelka.[3]

Das Vielseitigkeitsreiten – früher auch Military genannt – kombiniert Prüfungen aus der Dressur, dem Springen und einem Geländeritt. Vor allem beim Sprung von Pferd und Reiter im Galopp über Natursprünge, feste Holzhindernisse und tiefe Gräben ereignen sich häufig schwere Unfälle. Zahlreiche Pferde müssen nach Stürzen eingeschläfert werden. Ein Sport, bei dem der vielfache Tod von Tieren in Kauf genommen wird, gehört auch im Sinne des Tierschutzgesetzes unverzüglich verboten. Die Ermittlungen gegen die Verantwortlichen des Hamburger Derbys aufgrund einer Strafanzeige von PETA dauerten 2014 an.[4]

Quellen:

[1] *Norddeutscher Rundfunk. www.ndr.de/sport/mehr_sport/Gelaenderitt-Tierschuetzer-fordern-Verbot,luhmuehlen306.html*

[2] *Einstellungsbescheid der Staatsanwaltschaft Lüneburg v. 15.8.2014, Az.: NZS 3105 Js 22305/14; Korrespondenz zwischen PETA und dem Landkreis Harburg aus 2014*

[3] *Handelsblatt (2014): „Ex-Turnierarzt: Gelände-Strecke muss weiter entschärft werden" in: Handelsblatt Online unter www.handelsblatt.com/reiten-national-ex-turnierarzt-gelaende-strecke-muss-weiter-entschaerft-werden/10063840.html*

[4] *Ermittlungsverfahren gegen Peter T., Az. 7106 Js 398/13*

1 | Pferd bricht vor dem Brandenburger Tor vor einer Kutsche zusammen.
2 | Ponykarussells sind Tierquälerei.
3 | Die Pferde werden als „Rondell-Maschinen“ missbraucht.

PFERDEKUTSCHEN UND PONYKARUSSELLS ÜBERHOLTE TIERQUAL-TRADITIONEN GEHÖREN VERBOTEN

Pferdekutschen

Die Nutzung von Pferden vor Kutschen ist nicht nur eine Schinderei für die Tiere, sondern auch für Menschen brandgefährlich. Nachdem 2013 schon ein neuer Negativrekord bei der Anzahl von Unfällen mit Pferdekutschen aufgestellt wurde, musste PETA für das Jahr 2014 erneut einen traurigen Unfallrekord bekannt geben: In Deutschland, Österreich und der Schweiz kam es mit insgesamt 76 Unfällen nochmal zu deutlich mehr Unglücken als im Vorjahr. Insgesamt starben dabei zwei Menschen, 122 Personen wurden zum Teil schwer verletzt. Zudem kamen acht Pferde ums Leben, 17 Tiere erlitten Verletzungen. Allein in Deutschland gab es mit 60 Unfällen und 88 Verletzten wieder die meisten Unglücke – ebenfalls ein neuer Negativrekord.[1]

Angesichts der wiederholt tragischen Bilanz hat PETA 2014 das Bundesverkehrsministerium erneut in einem Schreiben aufgefordert, ein Verbot von Pferdekutschen im Straßenverkehr zu prüfen. Doch das CDU-geführte Ministerium sieht nicht einmal Handlungsbedarf, die langsamen Kutschen auf Landstraßen zu verbieten, wo Autos mit Tempo 100 an den Fuhrwerken vorbeirauschen. Während für Kraftfahrzeuge höchste Sicherheitsstandards gelten, dürfen Kutschen noch wie im Mittelalter über Straßen fahren. PETA wies darauf hin, dass die häufig schweren Verläufe der Unfälle auch auf fehlende Sicherungsvorrichtungen wie Gurte und Airbags sowie mangelhafte Beleuchtung und unzureichende Bremssysteme zurückzuführen sind.

Der gerne aufgestellte Vergleich mit den Unfallzahlen aus dem Kraftfahrzeugbereich ist nicht zielführend: Zum einen wird die Sicherheit motorisierter Fahrzeuge im Gegensatz zu Pferdekutschen ständig weiterentwickelt und aktuellen Standards angepasst. Zum anderen sind in Deutschland millionenfach mehr Kraftfahrzeuge zugelassen als Pferdekutschen. Daher ist die Anzahl der Pferdekutschenunfälle im relativen Vergleich erschreckend hoch.

Auch aus Tierrechtsgründen ist ein Verbot notwendig, denn Pferden, die stundenlang schwere Kutschen ziehen müssen, wird eine tiergerechte Lebensweise verwehrt. Insbesondere für Touristengespanne müssen die Tiere in den stinkenden Innenstädten bei Winterkälte oder Sommerhitze im lauten und gefährlichen Straßenverkehr auf hartem Asphalt stehen oder die schweren Kutschen ziehen – oft bis zur völligen Erschöpfung. Anfang Juli 2014 brach auf dem Pariser Platz in Berlin ein Pferd vor einer Pferdekutsche zusammen und konnte minutenlang nicht aufstehen.[2] Aufgrund der hochsommerlichen Temperaturen von bis zu 30 Grad und dem Standort der Kutsche in praller Sonne ist das Pferd vermutlich vor Erschöpfung und infolge der Hitze zusammengebrochen. Ein Zeuge, der das Geschehen beobachtete und PETA informierte, beschrieb, dass das Pferd während des Wartens regelrecht zusammensackte. Empörte Passanten riefen die Polizei, die den Vorfall aufnahm. Es wurde Anzeige beim zuständigen Veterinäramt wegen des mutmaßlichen Verstoßes gegen das Tierschutzgesetz erstattet. In einem Schreiben wandte sich PETA noch im gleichen Monat an alle Fraktionen des Berliner Abgeordnetenhauses sowie den damaligen Regierenden Bürgermeister Klaus Wowereit mit dem dringenden Appell, endlich die kommerziellen Pferdekutschen aus der Hauptstadt zu verbannen. Wenigstens die Fraktion der Piratenpartei reagierte zustimmend und bereitete anlässlich dieser und ähnlicher Vorfälle einen Antrag für ein Verbot von kommerziellen Kutschen in der Berliner Innenstadt vor.

Ponykarussells

Ähnlich wie bei Zirkusbetrieben ist die Tierquälerei der sogenannten Karussellponys auf Jahr- und Weihnachtsmärkten allgegenwärtig. Immer mehr Proteste formieren sich gegen diese Art der missbräuchlichen Nutzung der sensiblen Pferde als „Rondellmaschinen“. Die Anzahl der lokalen Petitionen, Ponykarussells in bestimmten Städten zu verbieten, war im Jahr 2014 schier endlos. Zahlreiche Protestaktionen wurden von Menschen in ganz Deutschland durchgeführt. PETA hat sich in zahlreichen Städten wie Stuttgart, München, Dortmund, Düsseldorf, Hamburg und Bergisch Gladbach an die Verantwortlichen gewandt und öffentlichkeitswirksam dafür plädiert, Ponykarussells nicht mehr zuzulassen. Obwohl der Bürgermeister von Bergisch Gladbach ein entsprechendes Verbot unterstützt[3], fand sich in einem anschließenden Stadtratsbeschluss nicht die erforderliche Mehrheit, so dass die Protest- und Aufklärungsaktionen auch in dieser Stadt weitergehen.

Quellen:

[1] ***PETA Deutschland e.V.*** *PETA.de/Pferdekutschenunfaelle*

[2] ***Berliner Kurier.*** *www.berliner-kurier.de/kiez-stadt/peta-fordert-stoppt-endlich-diese-pferde-schinderei,7169128,27800556.html*

[3] ***Kölner Stadtanzeiger.*** *www.ksta.de/bergisch-gladbach/kirmes-in-bergisch-gladbach-peta-unterstuetzt-pony-verbot,15189226,28071980.html*

1 | Stierkampf im Zuge des San Fermín Festivals: Immer wieder rammt ein Matador die scharfe Klinge seines Messers in den Körper des am Boden liegenden Stieres. © www.traslosmuros.com

2 | San Fermín Festival: Auch außerhalb der Arena werden die Qualen des Tieres von Zuschauern, darunter Kinder, verfolgt. © www.traslosmuros.com

STIERKAMPF ALS KULTURGUT
BOYKOTT GEGEN SPANIEN

Ungeachtet des wachsenden weltweiten Protests sowie der steigenden Ablehnung der spanischen Bevölkerung erklärte Spaniens Regierung 2013 den Stierkampf zum „immateriellen Kulturgut".[1] Trotz der anhaltenden Befürwortung des Stierkampfes durch die spanische Regierung hat im Jahr 2014 die hundertste spanische Stadt ein Stierkampfverbot ausgesprochen.[2]

Auch innerhalb der Europäischen Union erhöhte sich der Druck auf Spaniens Regierung. Grüne Politiker des Europäischen Parlaments hatten für die Abstimmung über das neue Budget für 2015 einen Änderungsantrag vorgelegt, der europäische Subventionen für Züchter von Kampfstieren abschaffen würde. Laut eines spanischen Parlamentsabgeordneten fließen über die Agrarsubventionen jedes Jahr 130 Millionen Euro von der EU an spanische Kampfstier-Züchter. Rund 30 Millionen Euro hiervon stammen aus Deutschland.[3] Bei der Abstimmung im Oktober 2014 lehnte das Europäische Parlament den Antrag ab, nur wenige Stimmen fehlten zur notwendigen absoluten Mehrheit. Zuvor hatten in einer Online-Unterschriftenaktion der Grünen in nur einer Woche 75.0000 Menschen für ein Ende der EU-Subventionen an Stierkampf-Züchter unterschrieben.[4]

Gegenwind spürte Spanien 2014 ebenfalls durch die Vereinten Nationen. Die Organisation der Vereinten Nationen (UNO) riet in einer Empfehlung an die portugiesische Regierung, keine Kinder mehr – weder als Zuschauer noch als Torero – an Stierkämpfen teilnehmen zu lassen. Die Organisation betonte, dass dieser Grundsatz für alle Staaten gilt.[5]

Quellen:

[1] *www.spiegel.de/panorama/spanien-stellt-stierkampf-als-kulturgut-unter-schutz-a-93 2323.html*

[2] *www.seemallorca.com/news/municipality-of-sant-joan-declared-anti-bullfighting-678431*

[3] *Dr. Alfred Bosch (2013) Toros & Taxes, Subsidies in Spain and the EU for Bullfighting and Bull Rearing, reported by coalition ERC/Catalubya Si Leader; Dr. Alfred Bosch, MP, January 2013*

[4] *www.gruene-europa.de/cducsu-und-spd-sichern-eu-subventionen-fuer-stierkampf-13016.html*

[5] *Veganblog.de/2014/02/12/vereinte-nationen-empfehlen-stierkampf-verbot-fuer-kinder*

1 | Delfinhaltung in Duisburg
2 | PETAs kontroverses Plakatmotiv

DELFINARIEN
WANN SCHLIESSEN DIE LETZTEN BEIDEN IN DEUTSCHLAND?

Nachdem Anfang 2013 das Delfinarium im Allwetterzoo Münster geschlossen wurde, richtete sich 2014 das Augenmerk auf die beiden letzten noch bestehenden Delfinarien im Zoo Duisburg und im Tiergarten Nürnberg.

Nürnberg

PETA deckte 2011 nach einem Whistleblower-Hinweis mit eigenen Vorort-Messungen auf, dass Salzwasser aus dem Delfinbecken austritt und im angrenzenden Waldgebiet – ein besonders geschütztes FFH-Gebiet – große Schäden verursacht. Viele alte Bäume, überwiegend Eichen und Buchen, sind abgestorben.[1] Nach einer Beschwerde der Tierrechtsorganisation bei der Generalstaatsanwaltschaft, mit der auch neue belastende Fakten über diverse Tierschutzverstöße übermittelt wurden, sind 2014 die zuvor eingestellten Ermittlungen wieder aufgenommen worden. Rund 1000 Seiten Ermittlungsakten liegen der PETA-Rechtsabteilung inzwischen zur Auswertung vor. Um das Problem zu beheben, muss Gutachtern zufolge sogar eine zeitweise Schließung der Delfinlagune in Betracht gezogen werden. Es fanden zwei Durchsuchungen von Polizei und Staatsanwaltschaft auf der Grundlage von richterlichen Durchsuchungsbeschlüssen im Zoo statt.

Vor Beginn der Sommerferien 2014 sollten große PETA-Plakate[2] die Stadt Nürnberg zieren, die einen Delfin und die folgende Aufschrift zeigen: „Die Größe meines Beckens beträgt 0,0001 % meines natürlichen Lebensraumes. Bitte kaufen Sie kein Ticket für das Delfingefängnis." Doch die Anbieter von Werbeaußenflächen in Nürnberg weigerten sich, diese Werbung zur Aufklärung über das Leben von Delfinen in Delfinarien aufzuhängen. PETA bedauerte die Entscheidung der Werbeflächenanbieter, denn während viele Nürnberger ihre Sommerferien am Meer oder in den Bergen genießen werden, sind die intelligenten Meeressäuger in Nürnberg zu einem Leben im engen, kahlen und gechlorten Betonpool verdammt, in dem sie sich zu Tode langweilen.

Duisburg

Die PIRATEN-Partei in Nordrhein-Westfalen stellte zu Jahresbeginn einen Antrag auf Schließung des letzten Delfinariums in diesem Bundesland. Nach der öffentlichen Anhörung im April 2014 im Landtag von NRW, bei der auch eine Meeresbiologin von PETA Rede und Antwort stand, wurde im Herbst im Umweltausschuss über die Zukunft des Delfinariums in Duisburg abgestimmt. Trotz großer Petition und politischer Kampagnenarbeit stimmten die meisten Landtagsabgeordneten von SPD, Grünen, CDU und FDP gegen den Antrag der PIRATEN.[3] Immerhin setzte sich NRW-Umweltminister Alexander Remmel in einem Schreiben an Bundeslandwirtschaftsminister Christian Schmidt für ein bundesweites Verbot der Delfinhaltung ein: „Ich kann nicht erkennen, wie eine tier- und verhaltensgerechte Unterbringung von Delfinen in Zoos möglich sein sollte."[4]

Der Duisburger Zoo ächzt zudem seit Jahren unter tiefroten Zahlen – immer weniger Menschen wollen Delfine und andere Tiere in Gefangenschaft sehen. Trotzdem lehnten die Verantwortlichen das Angebot von PETA Anfang 2014 ab, das Delfinarium gegen eine Einmalzahlung von EURO 100.000,- endgültig zu schließen und die Meeressäuger in eine betreute Meeresbucht umzusiedeln. Allerdings war mit der Finanzspritze auch eine Auflage verbunden: Das Geld hätte ausschließlich für die Verbesserung der Lebensbedingungen der bereits dort lebenden Tiere verwendet und keinesfalls in den Kauf neuer Tiere investiert werden dürfen.[5]

Auch die Whale and Dolphin Conservation Society (WDCS) und das Wal- und Delfinschutzforum (WDSF) haben sich u.a. durch Klagen in die Kritik der beiden Delfinarien in Nürnberg und Duisburg eingeschaltet.[6]

Quellen:

[1] *Süddeutsche Zeitung. www.sueddeutsche.de/bayern/ermittlungen-in-nuernberg-zoo-droht-weitere-durchsuchung-1.2257211, Aktenkonvolut Az.: 753 UJs 113696/12 – 3 Zs 974/14 – E 1402 E II – 5137/15 Staatsanwaltschaft Nürnberg-Fürth/Generalstaatsanwaltschaft Nürnberg/Bayerisches Staatsministerium für Justiz*

[2] *PETA50PLUS. www.peta50plus.de/nuernberg-verbietet-anti-zoo-werbung*

[3] *Westdeutscher Rundfunk. www1.wdr.de/themen/politik/delfinariumduisburg102.html*

[4] *Westdeutscher Rundfunk. www1.wdr.de/studio/duisburg/themadestages/delfine112.html*

[5] *Westdeutsche Allgemeine Zeitung. www.derwesten.de/staedte/duisburg/peta-bietet-zoo-duisburg-geld-fuer-delfinarien-schliessung-id8879911.html*

[6] *Urteil des Verwaltungsgerichts Düsseldorf vom 17.10.2014 gegen den Zoo Duisburg, Az.: 26 K 8374/12*

Computeranimierter Hollywood-Blockbuster „Noah“ © 2014 Par. Pics

TIERE IN DER UNTERHALTUNGSINDUSTRIE
BLOCKBUSTER „NOAH" ALS VORBILD

Im Abspann der meisten Kinofilme, in denen Tiere mitspielen, erscheint der Hinweis der „American Humane Association" (AHA) „No animals were harmed ..." (Bei der Produktion kamen keine Tiere zu Schaden). Wie durch Recherchen der Zeitung Hollywood Reporter in 2013 dargelegt werden konnte, ist die Überwachung von Filmsets durch die AHA absolut unzureichend. Das „Gütesiegel" der AHA besagt nichts weiter, als dass die Tiere nicht in Anwesenheit eines Repräsentanten der AHA geschlagen wurden. Tatsache ist, dass die meisten Tiermisshandlungen nicht am Set, sondern während des vorhergehenden Trainings erfolgen.[1]

Im Jahr 2014 zeigte der Regisseur Darren Aronofsky mit seinem Blockbuster „Noah", dass die Filmtechnologie mit den heutigen Möglichkeiten der Computeranimation so weit fortgeschritten ist, dass es keinen Grund gibt, lebende Tiere einzusetzen. Für die bekannte Szene aus der biblischen Geschichte der Arche Noah, in der Tiere verschiedener Arten in Scharen herbeikommen, nutzte er die sogenannte „computer-generated imagery" (CGI). Mit dieser Computersimulation werden durch 3-D-Computergrafiken Tiere animiert und auf die Leinwand gebracht. Der Regisseur Darren Aronofsky, der 2011 Präsident der Filmfestspiele in Venedig und 2015 die Berlinale geleitet hat, ist PETA-Unterstützer und hat gerade deshalb seinen Blockbuster tierleidfrei gestaltet.[2]

Quellen:

[1] *www.hollywoodreporter.com/feature*

[2] *PETA.de/Noah*

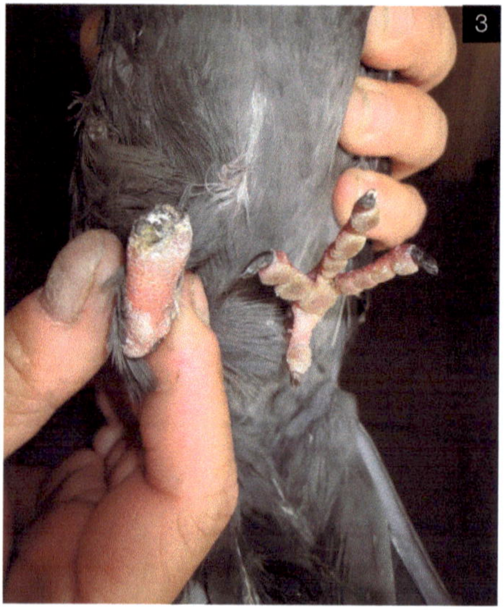

1 | Taubenturm in Tübingen: Immer mehr Städte entscheiden sich für eine tierfreundliche Populationsregulierung der Stadttauben in betreuten Taubentürmen. **2** | Brieftauben kurz vor dem Auflass **3** | Verletzte Brieftaube

TAUBENTÜRME STATT FÜTTERUNGSVERBOTE
DER BRIEFTAUBENSPORT GEHÖRT ABGESCHAFFT

In Deutschland nehmen rund 25.000 der ca. 50.000 Brieftaubenzüchter mit ihren Tieren an Wettflügen teil. Schätzungsweise leben 2,5 Millionen „Brieftauben" in deutschen Taubenschlägen.[1] Taubenwettflüge widersprechen dem Tierschutzgesetz: Nach §3 ist es verboten, Tieren Leistungen abzuverlangen, die ihre Kräfte übersteigen. Zudem legt das Gesetz fest, dass Tiere im Training oder bei Wettkämpfen keinen Maßnahmen ausgesetzt werden dürfen, die mit erheblichen Schmerzen, Leiden oder körperlichen Schäden verbunden sind. Nach Angaben der Tierärztlichen Vereinigung für Tierschutz geht selbst der Dachverband der Taubenzüchter davon aus, dass rund zehn Prozent der Tauben nicht am Ziel ankommen.[2] Offizielle Zahlen sind jedoch nicht bekannt, da keine Statistiken über Sterberaten existieren. Eine Undercover-Recherche von PETA USA in 2012 zeigte auf, dass bei einigen europäischen Taubenwettflügen sogar bis zu 90 Prozent der Tiere das heimatliche Ziel nicht erreichen.[3] Ganz offensichtlich werden den Tieren im Brieftaubensport Dinge abverlangt, die ihre Kräfte überschreiten. In 2014 kritisierte PETA Deutschland e.V. öffentlich zahlreiche deutsche Reisevereinigungen, die an Taubenwettflügen teilnahmen, und forderte ein Verbot der Taubenwettflüge in Deutschland.

Als tierfreundliche Alternative zur Populationsregulierung der Stadttauben, die sich vor allem aus „gestrandeten" Brieftauben zusammensetzen, entscheiden sich immer mehr Städte für betreute Taubenschläge, bei denen die Eier der Tiere gegen Gipsattrappen ausgetauscht werden, um so den Bruterfolg der Tiere zu verringern. Vorreiter dieser erfolgreichen und tierfreundlichen Methode zur Regulierung der Taubenpopulation in Städten war die Stadt Aachen. Bereits 1995 schlossen sich mehrere Aachener Tier- und Naturschutzorganisationen zur „Arbeitsgruppe Stadttauben" zusammen. Es wurden Taubenschläge, kontrollierte Futterstellen und eine Auffangstation für verletzte und kranke Tauben eingerichtet. Auch 2014 wurden in mehreren Städten wieder neue Taubenhäuser bzw. -schläge eingerichtet.

<u>*Quellen:*</u>

[1] *Tierärztliche Vereinigung für Tierschutz e.V. (2009), Tierschutz im Brieftaubensport. Merkblatt Nr. 121*

[2] *Tierärztliche Vereinigung für Tierschutz e.V. (2009), Tierschutz im Brieftaubensport. Merkblatt Nr. 121*

[3] *PETA Deutschland e.V. (2013), Taubenwettflüge: Friedhof der Vögel,* Veganblog.de

1 | 2 | 3 Memmingen, Fischertag

ANGELN ALS FREIZEITSPASS
DAS STUMME LEIDEN DER FISCHE

Laut Kommentar zum Tierschutzgesetz muss der alleinige Grund des Angelns im Nahrungserwerb liegen. Vor diesem Hintergrund erstattet PETA Deutschland e.V. regelmäßig Strafanzeigen gegen Angler, die an Wettangelveranstaltungen beteiligt sind. In 2014 erzielte die Tierrechtsorganisation damit durchgreifende Erfolge. So wurde das Wettfischen in mehreren Fällen von der Justiz als strafbares Verhalten eingestuft und teilweise mit Geldbußen geahndet.[1] Zudem wurde erstmals durch eine Staatsanwaltschaft ausdrücklich festgestellt, dass das Wettfischen eine strafbare Handlung darstellt – selbst dann, wenn die Fische anschließend verzehrt werden.[2] Ebenso wurden Vorfälle der verbotenen Handlung Catch & Release (Angeln & Freilassen) von PETA Deutschland e.V. zur Anzeige gebracht, woraufhin durch die Staatsanwaltschaft Münster 2014 Anklage erhoben wurde und daraufhin ein Bußgeld von 6000 Euro ausgesprochen wurde.[3] Die Einstellungsverfügungen wurden nahezu durchgängig damit begründet, dass zwar ein eindeutiger Verstoß gegen § 17 des Tierschutzgesetzes vorliege, jedoch die betroffenen Angler bislang nicht vorbestraft seien. Einzelne Staatsanwaltschaften kündigten an, dass die Angler im Wiederholungsfalle nicht mehr mit einer Einstellung von Strafverfahren rechnen könnten.

Quellen:

1 *Verfügung der StA Verden (Aller) vom 09.09.2014 (Az.: NZS 932 Js 39226/14), Verfügung der StA Hechingen vom 07.02.2014 (Az.: 23 Js 4408/13), Verfügung der StA Stendal vom 09.10. 2014 (Az.: 444 Js 731/14), Verfügung der StA Aschaffenburg vom 27.11.2014 (Az.: 102 Js 11194/13), Verfügung der StA Münster vom 21.10.2014 (Az.: 540 Js 1431/14)*

2 *Verfügung der StA Münster vom 19.03.2014 (Az.: 540 Js 1433/13)*

3 *Verfügung der StA Münster vom 12.07.2014 (Az.: 540 Js 1536/13), Korrespondenz AG Ahaus vom 21.10.2014 (Az.: 2 Ds 114/14-540 Js 1536/14)*

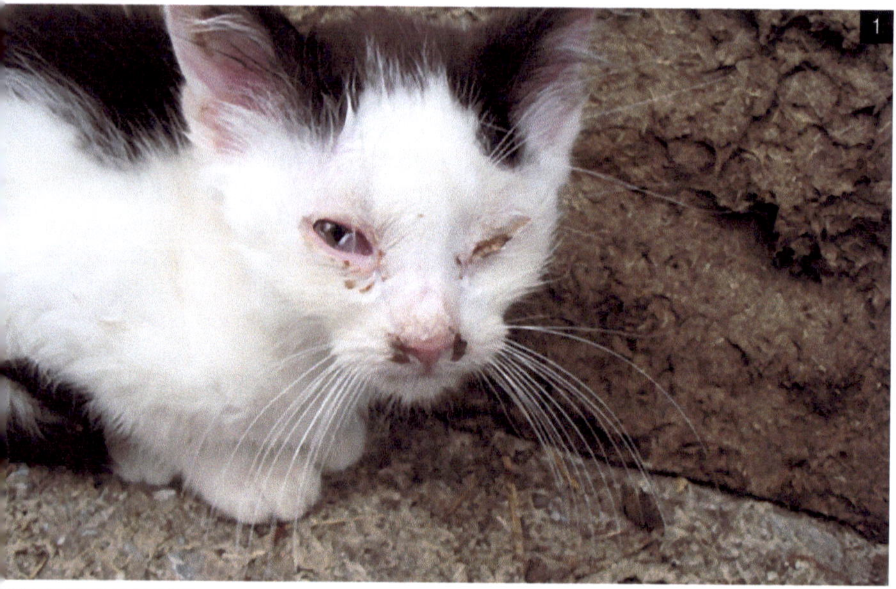

1 | Verwilderte Katzen leiden oft unter Krankheiten.
2 | Die Kastration von Freigängerkatzen ist Pflicht für jeden Tierfreund.
3 | Katzen vermehren sich schnell.

TIERISCHE MITBEWOHNER

PFLICHT ZUR KATZENKASTRATION
WEIT ÜBER 250 STÄDTE MACHEN SCHON MIT

Schon über 250 Städte in Deutschland nutzen ihren verwaltungsrechtlichen Spielraum und verpflichten Halter von Freigängerkatzen, ihre Samtpfoten registrieren und kastrieren zu lassen. Allerdings haben noch immer nicht alle Bundesländer ihre „Hausaufgaben" gemacht und die rechtlichen Rahmenbedingungen für die Kommunen geschaffen.[1]

Das Problem liegt auf der Hand: Die Katzen vermehren sich unkontrolliert. Eine unkastrierte Katze kann im Normalfall zweimal im Jahr vier bis sechs Nachkommen zeugen, die wiederum ab dem 5. Lebensmonat geschlechtsreif sind. So können eine einzige Katze und ihre Nachkommen rein rechnerisch in nur sieben Jahren 420.000 weitere Katzen in die Welt setzen. Dabei gibt es schätzungsweise bereits zwei Millionen verwilderte Streunerkatzen in Deutschland. Doch die domestizierten Tiere sind für ein Leben in freier Natur nicht gerüstet: Sie leiden unter der Witterung und an Hunger, viele von ihnen sind krank, verwahrlost oder verletzt, nicht wenige werden Opfer von Jägern, Tierquälern oder des Straßenverkehrs. Unkastrierte Freigängerkatzen aus Privathaushalten verschärfen das Leid der heimatlosen Tiere weiter. Die Kastrationspflicht ist die einzig zukunftsfähige Lösung, um das ernste Problem nachhaltig in den Griff zu bekommen. Auch 2014 haben wieder zahlreiche deutsche Städte wie Braunschweig, Luckenwalde und Gartow die sinnvolle Kastrations- und Registrierungspflicht für Freigängerkatzen beschlossen.

Wünschenswert wäre, dass die Kastrationspflicht – wie in Österreich – fest im Tierschutzgesetz verankert wird. Denn bei der aktuellen Regelung, bei der jede einzelne Stadt in Deutschland die Maßnahme beschließen muss, wird es noch viele Jahre bis zur flächendeckenden Umsetzung dauern. PETA hat 2014 wieder die Stadtoberhäupter zahlreicher Städte wie Castrop-Rauxel, Lippstadt oder Lüdinghausen gebeten, ein Kastrationsgebot einzuführen.

Quelle:

[1] *Wiesbadener Kurier (2014): „Hessen geht gegen streunende Katzen vor: Pläne für Kastrationspflicht auch für freilaufende Hauskatzen". Online unter* *www.wiesbadener-kurier.de/lokales/rhein-main/hessen-geht-gegen-streunende-katzen-vor-plaene-fuer-kastrationspflicht-auch-fuer-freilaufende-hauskatzen_14693577.htm*

1 | Reptilien leiden auf Exotenbörsen unter Stress.
2 | Viele Käufer haben keinerlei Fachkenntnis über exotische Tiere.
3 | Wie „Ramschware“ werden lebende Tiere auf Reptilienbörsen verkauft.

HANDEL MIT EXOTISCHEN TIEREN FÜR DEUTSCHE WOHNZIMMER

Auf Drängen der SPD hat die Bundesregierung Ende 2013 in den Koalitionsvertrag aufgenommen, den gewerblichen Verkauf von exotischen Tieren auf Reptilienbörsen sowie den Import von Wildfängen zu verbieten sowie den Handel mit und die Haltung von exotischen Tieren bundeseinheitlich zu regeln.[1] Diese Maßnahmen wären zwar ein erster erfreulicher Schritt in die richtige Richtung, doch das Gros des Tierleids ließe sich damit nicht beenden. Denn viele der exotischen Tiere werden als sogenannte Nachzuchten im Zoofachhandel oder im Internet verkauft – mit immens hohen Sterberaten bei der Zucht, beim Transport, im Handel und auch in deutschen Wohnzimmern.[2, 3]

Doch selbst mit diesen vertraglich vereinbarten Minimalzielen tut sich die Bundesregierung schwer, denn die Reptilienlobby läuft Sturm gegen jegliche Einschränkungen. Und so ist im gesamten Jahr 2014, außer einem Treffen mit allen Interessengruppen auf Einladung der SPD im November 2014 in Berlin, nichts Nennenswertes geschehen. PETA war auf dem Treffen ebenfalls vertreten und plädierte als einzige Organisation angesichts des Raubbaus an der Natur sowie der hohen Sterberaten im Handel und im Wohnzimmer für ein gänzliches Haltungsverbot für exotische Wildtiere.

Um die politischen Kräfte zu unterstützen, die auf eine konsequente Umsetzung des Koalitionsvertrages hinarbeiten, hat PETA im Oktober 2014 eine repräsentative Meinungsumfrage bei der Gesellschaft für Konsumforschung (GfK) in Auftrag gegeben. Die Meinung zu dem Thema innerhalb der Bevölkerung könnte nicht eindeutiger sein: 95,5 Prozent der Deutschen sind für ein Einfuhrverbot von in der Wildnis gefangenen exotischen Tieren. 89,1 Prozent unterstützen das geplante Verbot von gewerblichen Exotenbörsen, auf denen Reptilien, Insekten und andere Wildtiere gehandelt werden.[4]

Plakataktion gegen Tierquälerei auf der Terraristika

Die weltgrößte Reptilienbörse, die Terraristika in Hamm, steht seit Jahren in der Kritik von Artenschutz- und Tierrechtsorganisationen. Denn hier werden viermal im Jahr viele Tausend Reptilien und Amphibien in kleinen Plastikboxen gehalten und regelrecht verramscht. Außerdem dient das Event als Umschlagplatz für gewilderte und geschmuggelte Tiere aus aller Welt. Die Sachkenntnis der Käufer ist meist nur Nebensache, und so wundert es nicht, dass viele der empfindlichen Tiere – eh schon geschwächt von ständigen Transporten von Messe zu Messe – nicht länger als ein paar Wochen überleben. Da viele Tiere nur ein paar Euro kosten, kann auf der Terraristika und Dutzenden ähnlichen Messen in Deutschland, aber auch im sogenannten Fachhandel, schnell Ersatz besorgt werden. PETA tritt schon seit Jahren als einer der größten Kritiker von Exotenbörsen auf und hat im September 2014 eine Reihe großflächiger Plakatwände mit einer Größe von 2,5 Meter x 3,5 Meter im Umfeld des Veranstaltungsortes in Hamm angemietet und mit einem provokanten Motiv bestücken lassen: Die Plakate zeigen eine auf dem Rücken liegende, tote Schildkröte und die Aufschrift „TERROR-RISTIKA HAMM – weltweit größte Börse für Exotenqual".[5] Damit nimmt die PETA Bezug auf das offizielle Logo der Terraristika, das eine auf allen vieren stehende Schildkröte zeigt. Mit der Plakataktion will die Tierrechtsorganisation die Öffentlichkeit darauf aufmerksam machen, dass die Veranstalter den Tod unzähliger Tiere billigend in Kauf nehmen.

Bundesländer zeigen Eigeninitiative – im Rahmen ihrer bescheidenen Möglichkeiten

Immer häufiger müssen ausgesetzte oder entkommene exotische Tiere von Polizei und Feuerwehr gesucht und eingefangen werden.[6] Oftmals handelt es sich dabei um gefährliche bzw. giftige Tiere, die auch Unbeteiligte in Lebensgefahr bringen können. Beispielsweise musste die Feuerwehr im November 2014 etwa 30 Schlangen – fünf davon sehr giftig – aus einer verwahrlosten Wohnung in Düsseldorf holen.[7] Die Tiere waren dort monatelang allein gelassen worden und wurden nur entdeckt, weil es einer der hungrigen Schlangen gelang, auf den Nachbarbalkon zu kriechen. Einige Bundesländer wie Hessen und Schleswig-Holstein haben daher Gesetze erlassen, um die Bevölkerung zu schützen. Das Land Nordrhein-Westfalen hat im Oktober 2014 Eckpunkte eines Gefahrtiergesetzes vorgestellt, wonach sehr gefährliche Tiere wie giftige Schlangen oder Tiger für die Privathaltung verboten werden sollen.[8] Für weniger gefährliche Tiere sollen hohe Auflagen und Genehmigungsverfahren gelten. PETA hat den Gesetzentwurf kommentiert und für eine Verschärfung des Entwurfs an vielen Stellen argumentiert. Ende des Jahres folgte schließlich ein gemeinsames Schreiben von 12 Natur- und Tierschutzorganisationen inklusive PETA an die verantwortlichen Politiker in NRW, in dem die Dringlichkeit eines weitreichenden Gefahrtiergesetzes thematisiert wurde.[9]

Quellen:

[1] SPD-Bundestagsfraktion und CDU/CSU-Bundestagsfraktion (2013): www.spd.de/regierung/114976/spdregiert_koavertrag_main.html

[2] Toland, Elaine/Warwick, Clifford/ Arena, Phillip: Pet Hate, in: The Biologist, Vol. 59 No. 3, 2012

[3] Schmidt, Volker: Die Bedeutung von haltungs- und ernährungsbedingten Schäden bei Reptilien. Eine retrospektive pathologische Studie, 4. Leipziger Tierärztekongress, 2008

[4] Gesellschaft für Konsumforschung (2014): Umfrage zum Thema Wildtierschutz. Online unter PETA.de/mediadb/TMB-2014-10-29-Ergebnisse-GfK-Umfrage-Wildfaenge-und-Exotenboersen-verbieten.pdf

[5] Westfälischer Anzeiger (2014): „Wieder lange Schlangen vor der Terraristika erwartet". Online unter www.wa.de/hamm/viele-krabbeltier-fans-samstag-terraristika-hamm-erwartet-3855899.html

[6] PETA Deutschland e.V. PETA.de/Reptilienchronik

[7] BILD-Zeitung (2014): „Hinter dieser Tür lebten 30 Schlangen!". Online unter www.bild.de/regional/duesseldorf/schlangen/hinter-dieser-tuer-lebten-sie-38782302.bild.html

[8] Gefahrtiergesetz des Landes NRW (2014): Online unter www.landtag.nrw.de/portal/WWW/GB_II/II.2/Gesetzgebung/Aktuell/01_Aktuelle_Gesetzgebungsverfahren/Gefahrtiergesetz/index.jsp

[9] BUND NRW (2014): Schreiben von 12 Verbänden. Online unter www.bund-nrw.de/fileadmin/bundgruppen/bcmslvnrw/PDF_Dateien/Themen_und_Projekte/Naturschutz/Artenschutz/2014_12_Verbaende-Stellungnahme_NRW_Gefahrtiergesetz.pdf

1 | Rein aus Profitgründen werden Hunde als Gebärmaschinen missbraucht.
2 | „Ausgediente“ Tiere werden einfach entsorgt.
3 | Die Haltungsbedingungen sind in der Regel katastrophal.

TIERHANDEL
EU IM ZUGZWANG GEGEN DIE OSTEUROPÄISCHE HUNDEMAFIA

Insbesondere in osteuropäischen Ländern wie Tschechien, Ungarn, Bulgarien oder Polen werden Hundewelpen jedes Jahr zu Tausenden unter furchtbaren Bedingungen wie am Fließband „produziert" und in Westeuropa, insbesondere in Deutschland, an gedankenlose Abnehmer verkauft. Mittlerweile bedeutet dies für die Züchtermafia ein millionenschweres Geschäft. Die Tiere werden meist auf Wochenmärkten, im Internet oder in Kleinanzeigen verramscht. Die Tiere werden meist viel zu früh von der Mutter getrennt und sind daher noch nicht sozialisiert. Das macht sich in lebenslangen Verhaltensstörungen bemerkbar. Viele der Tiere leiden beim Verkauf an unbehandelten Krankheiten, angebliche Impfpässe entpuppen sich oft als Fälschung.

Viele der Tiere landen in den Zoogeschäften der Benelux-Staaten: Dort spielen schwache Gesetze den skrupellosen Vermehrern in die Hände, und die kaufkräftige Kundschaft etwa aus Deutschland und Frankreich ist nah.

Nur wenn die Hundewelpen nachweislich mindestens 15 Wochen alt und geimpft sind, ist der Transport innerhalb Europas erlaubt. Doch innerhalb der EU gibt es keine Grenzkontrollen mehr, und so sind Funde von Kofferräumen voller kranker, blutjunger Welpen purer Zufall, wenn die Grenzschützer nach Drogen- oder Zigarettenschmugglern fahnden.

So befreite im März 2014 der deutsche Zoll 77 Hundewelpen, die von der Slowakei nach Spanien geschmuggelt werden sollten. Das Tierheim Nürnberg-Fürth richtete eine Art Intensivstation für die Tiere ein, denn viele der Tiere waren am Verdursten oder krank.[1]

In Hamburg wurden über Ebay-Kleinanzeigen immer wieder Welpen aus „erstklassiger Zucht" angeboten, angeblich geimpft und gechipt. Doch im Dezember 2014 führte die Polizei eine Razzia durch, denn viele Hunde starben schon kurz nach dem Verkauf. Außerdem waren sie viel zu jung. Es stellte sich heraus, dass die Welpen von Polen nach Hamburg geschmuggelt wurden.[2]

Im April 2014 kündigte Bundesagrarminister Schmidt zwar Verbesserungen im Tierschutzgesetz an, um den Kampf gegen den illegalen Welpenhandel zu erleichtern.[3] Doch die Ankündigung war wohl eher eine Image-pflegende Aktion, denn die tatsächlich beschlossenen Maßnahmen fassen das

Problem nicht an der Wurzel an: Es wurde lediglich eine Registrierungspflicht für Verkäufer beschlossen, die einen im Ausland geborenen Hund in Deutschland verkaufen wollen.[4] Es ist bestenfalls blauäugig, anzunehmen, dass sich Akteure der Hundemafia freiwillig bei einer deutschen Behörde melden, um ihre Verkaufsabsichten registrieren zu lassen. Auch der Deutsche Tierschutzbund hat die Maßnahmen als nicht ausreichend kritisiert.[5] Angesichts der Tragweite des Problems, das viele Länder betrifft, ist eine strenge EU-weite einheitliche Regelung, die u.a. eine Registrierungs- und Chippflicht beinhalten sollte, vonnöten.

Quellen:

[1] *Berliner Kurier (2014): „Schlag gegen die Welpen-Mafia". Online unter www.berliner-kurier.de/panorama/77-tiere-befreit-schlag-gegen-die-welpen-mafia,7169224,26485132.html*

[2] *BILD-Zeitung (2014): „Razzia bei Welpen-Mafia". Online unter www.bild.de/regional/hamburg/mafia/razzia-bei-hamburg-zeigt-erfolg-38858020.bild.html*

[3] *BILD-Zeitung (2014): „Minister kämpft gegen Welpen-Mafia". Online unter www.bild.de/politik/inland/tierquaelerei/minister-christian-schmidt-kaempft-gegen-welpen-mafia-35616180.bild.html*

[4] *Bundesministerium für Ernährung und Landwirtschaft (2014): Pressemitteilung Nr. 177. Online unter www.bmel.de/SharedDocs/Pressemitteilungen/2014/177-SC-Tierschutz-Welpen.html*

[5] *Westdeutsche Allgemeine Zeitung (2014): Das bringt das neue Gesetz gegen illegalen Welpenhandel. Online unter www.derwesten.de/politik/was-bringt-das-neue-gesetz-gegen-illegalen-welpenhandel-id9653402.html*

1 | Qualzuchten müssen verboten werden.
2 | Besonders bei blauäugigen Katzen ist Weißfärbung oft mit angeborener Taubheit verbunden. Sehdefekte und Gleichgewichtsstörungen treten gehäuft auf.

QUALZUCHT PUR
RASSEZÜCHTER OHNE VERANTWORTUNG

Auch 2014 fanden bundesweit wieder zahlreiche Ausstellungs-Events für sogenannte Rassetiere statt, insbesondere für Hunde und Katzen. Obgleich Tausende ausgesetzte und abgegebene Vierbeiner in deutschen Tierheimen auf ein neues Zuhause warten, produziert die Zuchtindustrie fortlaufend Nachschub, um die Nachfrage nach bestimmten Rassen, die gerade in Mode sind, zu befriedigen.

Mit alarmierenden Bildern konnte PETA in der Vergangenheit wiederholt dokumentieren[1], wie es hinter den Kulissen der Zuchtindustrie zugeht: Sogenannte Zuchttiere werden als Gebärmaschinen ausgebeutet; viele Tiere fristen bei den Tiervermehrern ein trauriges Dasein in Einzelhaft. Ein Strafermittlungsverfahren gegen PETA-Verantwortliche, gegen die eine besonders dreiste Hundezüchterin Strafanzeige erstattet hatte, wurde im Juli 2014 von der Staatsanwaltschaft Mosbach eingestellt.[2]

Zahlreiche Rassen leiden unter Gesundheitsproblemen, die durch übertriebene Zuchtmerkmale bedingt sind. So kommt es zum Beispiel bei Schäferhunden häufig zu gesundheitlichen Problemen wie Hüftgelenksdysplasien. Möpse leiden aufgrund ihrer verkürzten Nase an Schluck- und Atembeschwerden und Bernhardiner, Cocker Spaniel und Bluthunde an chronischer Bindehautentzündung. Perserkatzen etwa haben aufgrund ihrer Stupsnase häufig Atembeschwerden.

PETA hat 2014 zahlreiche dieser Ausstellungen, beispielsweise in Mannheim, Bremen und Ludwigshafen, öffentlich angeprangert und Aufklärungsarbeit geleistet.

Quellen:

[1] PETA Deutschland e.V. PETA.de/Welpepiwi sowie PETA.de/VDH

[2] Einstellungsverfügung der Staatsanwaltschaft Mosbach v. 29.7.2014, Az.: 14 Js 5436/13

1 | 2 | Freiheitsdrang eines Stieres in Bayern

AUGENZEUGEN GEGEN DIE ALLTÄGLICHE TIERQUÄLEREI

„WHISTLEBLOWER" NACHGEFRAGT

Jeden Monat gehen bei PETA Deutschland e.V. über 300 Whistleblower-Meldungen ein – mit deutlich steigender Tendenz. Im Gesamtjahr 2014 vertrauten sich rund 4000 Menschen PETA an, damit gegen beobachtete Tierquälereien vorgegangen wird. Die Bearbeitung der Anzeigen ist angesichts der großen Anzahl der Fälle – vermutlich erhält keine andere Institution oder Behörde in Deutschland mehr konkrete Hinweise über Tierquälereien als PETA – längst standardisiert. Jede eingehende Meldung wird gründlich geprüft, jedoch kann aus Kapazitätsgründen nicht jeder der etwa 4000 Hinweise mit gleichem Aufwand bearbeitet werden. Viele Fälle werden mit Einverständnis des Whistleblowers – teilweise anonymisiert – an Veterinärbehörden oder befreundete Tierschutzorganisationen vor Ort weitergeleitet. Whistleblower-Meldungen, die geheime Informationen oder sehr erschütternde Zustände zum Inhalt haben, werden mit besonderer Aufmerksamkeit bearbeitet. Diese Fälle haben das Potenzial, großes Tierleid zu verhindern und die Öffentlichkeit zu sensibilisieren.

Einige exemplarische Fälle:

Im November 2014 erreichte PETA eine Whistleblower-Meldung über einen ausgebrochenen Stier im bayrischen Außernzell. Die herbeigerufene Feuerwehr und die Firma G. Tiertransporte versuchten, das Tier einzufangen, wobei genannte Firma äußerst brutal vorging.[1] Videoaufnahmen zeigen, wie dem Stier mehrmals mit Eisenstangen auf den Kopf geschlagen wurde. Auch Tritte musste er einstecken und sein Schwanz wurde schmerzhaft gedreht, um den verängstigten Stier zum Laufen zu bringen. Es wurde Strafanzeige gegen die Verantwortlichen erstattet.

Bereits 2012 erhielt PETA einen Whistleblower-Hinweis über zwei Affen, die in einem kleinen, verdreckten und kargen Käfig auf dem Gelände einer Gärtnerei im niedersächsischen Wedemark bei Hannover gehalten werden sollen. Eine Vor-Ort-Recherche brachte zutage, dass es sich dabei sogar um zwei Menschenaffen, die Schimpansinnen Mimi und Dolly, handelte, die schon über 30 Jahre in dem Verschlag leben mussten. PETA forderte das Veterinäramt auf, die Tiere unverzüglich zu beschlagnahmen – zunächst ohne zählbares Ergebnis. 2014 wurde der Druck, gemeinsam mit der Wildtierschutz-Organisation animal public e.V., auf die Behörden und den Halter durch eine Online-Petition und entsprechende Öffentlichkeitsarbeit erhöht. Schließlich stimmte der Mann im November zu, die betagten Menschenaffen in die renommierte niederländische Auffangstation AAP umziehen zu lassen.[2]

Im Oktober 2014 erreichte PETA von einem Kunden des Saigon-Minimarktes in Dresden der Hinweis, dass in dem Laden lebendige Krabben in Styropor-Kisten ohne Wasser gelagert werden. Daraufhin wurde Anzeige beim Dresdner Veterinäramt erstattet. Nach einer Vor-Ort-Kontrolle des Veterinäramts gab der Mini-Markt bekannt, künftig keine Lebendtiere mehr zu verkaufen.[3]

Im Juli 2014 wurde ein Landwirt, der mit einem Kreiselmäher ein Rehkitz auf einem Feld überfahren hatte, zu einer Geldstrafe verurteilt. PETA hatte zuvor Fotos und Berichte von einem Whistleblower erhalten. Die Staatsanwaltschaft Bonn erhob Anklage gegen den Fahrer des Kreiselmähers, das Amtsgericht Euskirchen verurteilte ihn zu einer empfindlichen Geldstrafe von 60 Tagessätzen à 50 Euro wegen Verursachung erheblicher und länger andauernder Leiden und Schmerzen des Rehkitzes. Das Urteil ist rechtskräftig. Eine Geldstrafe in dieser Höhe gab es wegen eines solchen Tatbestands noch nie.[4]

PETA ist für den Schutz und die Gewährleistung der Anonymität seiner Informanten bekannt. Jeder Whistleblower kann sich darauf verlassen, dass seine Anonymität gewahrt bleibt, sofern er es wünscht. Das hat höchste Priorität.

Quellen:

[1] *PETA Deutschland e.V. (2014): Veganblog.de/2014/11/28/Ausgebrochener-stier-gekaempft-und-doch-verloren*

[2] *PETA Deutschland e.V. (2014): PETAde/Wedemark-Schimpansen*

[3] *Sächsische Zeitung (2014): „Saigon-Minimarkt im Peta-Fokus". Online unter www.sz-online.de/nachrichten/saigon-minimarkt-im-peta-fokus-2955492.html*

[4] *PETA Deutschland e.V. (2014): PETA.de/Zukunftsweisendes-Urteil-Kreiselmaeher-Fahrer-nach-Rehtoetung-zu-empfindlicher Urteil Amtsgericht Euskirchen vom 20.7.2014, Az.: 28 Ds 49/14 - 300 Js 181/13*

Die kostenlosen Unterrichtsmaterialien zum Thema Tierrechte und vegane Ernährung

TIERRECHTE IN SCHULBÜCHERN
DER BILDUNGSAUFTRAG AUF DEM RICHTIGEN WEG

In den letzten Jahren finden das Thema Tierrechte und damit verbunden eine tierleidfreie vegane Ernährung verstärkt Einzug in die Schulen. Gemäß dem umfassenden Bildungsauftrag der Bundesregierung muss zukünftig gewährleistet werden, dass Bildungseinrichtungen gesellschaftlich relevanten Themen den Schülern in allen Altersklassen näher bringen. Vor diesem Hintergrund zeichnet sich eine positive Entwicklung ab.
Das zeigt sich unter anderem daran, dass tierrechtlich relevante Inhalte gerade von PETA Deutschland e.V. in Schulbücher aufgenommen werden. Diese Beiträge dienen neben der Aufklärung von Kindern und Jugendlichen vor allem der Auseinandersetzung mit vorherrschenden Konventionen in unserem Land und regen zum Nachdenken und Handeln an.

Tierrechtlerische Inhalte finden sich u. a. in folgenden Lehrmaterialien:

Im Lehrbuch „Psychologie und Pädagogik" wurde eines der Motive mit dem prominenten PETA-Unterstützer Thomas D als exemplarisches Beispiel zum Thema tierfreundliche Ernährung und Klimaschutz aufgegriffen.[1]

In ausgewählten Schulbüchern aus der Reihe „Klartext" für den Deutschunterricht wurden, anhand eines PETA-Textes über das Leben von Kühen, grafische Textgestaltungsmöglichkeiten am Computer vermittelt.[2]

In dem Arbeits- und Lesebuch für das Fach Deutsch der Jahrgangsstufe 9 wurde anhand des Motivs „Schweineschnitzel bedeutet Herzstillstand" erläutert, wie man sich mit kritischer Werbung auseinandersetzt.[3]

Zusammenfassend kann gesagt werden, dass die Themen „Tierrechte" und „veganes Leben" in der Mitte der Gesellschaft angekommen sind. Dies spiegelt sich auch in den Lehrmaterialien wider.

Quellen:

[1] Psychologie und Pädagogik, Berufsschulbuch, Verlag Handwerk und Technik GmbH (2014), Hamburg

[2] Klartext 5, Nordrhein-Westfalen – Differenzierende Ausgabe. Klartext 5 Gymnasium – Allgemeine Ausgabe, Westermann Verlag (2014), Braunschweig

[3] P.A.U.L. D.; Persönliches Arbeits- und Lesebuch Deutsch für die Jahrgangsstufe 9, Schöningh Verlag (2014), Paderborn

RECHT

ARTIKEL 20A GRUNDGESETZ AUF DEM PRÜFSTAND EINIGE PRAXISBEISPIELE AUS DER RECHTSPRECHUNG

Art. 20a GG ist die grundgesetzliche Norm, durch die der Tierschutz Verfassungsrang im deutschen Rechtssystem erlangt.

Er lautet:
„Der Staat schützt auch in Verantwortung für die künftigen Generationen die natürlichen Lebensgrundlagen und die Tiere im Rahmen der verfassungsmäßigen Ordnung durch die Gesetzgebung und nach Maßgabe von Recht und Gesetz durch die vollziehende Gewalt und die Rechtsprechung."

Diese verfassungsrechtliche Vorgabe wurde von deutschen Gerichten im Jahr 2014 teils mehr, teils weniger konsequent angewendet.

In einem Fall, der vom Bundesverwaltungsgericht[1] entschieden wurde, stritt der Leiter der Abteilung Theoretische Neurobiologie im Zentrum für Kognitionswissenschaften als Kläger mit der zuständigen Gesundheitsbehörde über die Zulässigkeit von Tierversuchen an der Uni Bremen. Der Kläger forscht über neuronale Mechanismen komplexer Hirnfunktionen. Hierbei werden Tierversuche mit Rhesusaffen durchgeführt. Bei den Versuchen wird die Gehirnaktivität der Tiere gemessen. Die Tiere sind während der Versuche in einem sogenannten Primatenstuhl fixiert und es wird auf den Schädel der Affen operativ eine Haltungsvorrichtung angebracht. Außerdem werden operativ Öffnungen für das Einführen der Elektroden in das Gehirn angelegt. Die Affen haben dann die Aufgabe, auf bestimmte Zeichen zu reagieren, wofür sie mit Wasser „belohnt" werden.

Die Behörde lehnte es ab, das Forschungsvorhaben weiter zu genehmigen, und begründete dies damit, dass die Versuche wegen der mit ihnen verbundenen Belastungen der Tiere im Verhältnis zum angestrebten Erkenntnisgewinn ethisch nicht vertretbar seien. Der Leiter des Berliner Instituts für Tierschutz und Tierverhalten, Jörg Luy, hatte zuvor festgestellt, dass die Experimente für die Tiere „schwer belastend" sind.

Der Rechtsstreit ging durch mehrere Instanzen und endete schließlich vor dem Bundesverwaltungsgericht, das entschied, dass die Affenversuche an der Bremer Universität zulässig sind, da seit der Umsetzung der Richtlinie 2010/63/EU die für die Zulassung einschlägige Ermessensnorm in eine gebundene Entscheidung umgewandelt worden sei. Stand also den Behörden bis dahin nach herrschender Meinung (vgl. VGH Kassel v. 16.06.2004, 11 ZU 3040/03; VG Gießen NuR 2004, 64 f.; v. Knorre, AgrarR 2002, 378 f.; Unruh, DtW 2003, 183,186,) seit der Aufnahme des Staatsziels Tierschutz ins Grundgesetz im Jahr 2002 bei verfassungskonformer Auslegung ein eigenständiges materielles Prüfungsrecht zu, das sie insbesondere dazu ermächtigte, die erforderliche wissenschaftliche Begründung sachlich zu überprüfen, so hat sich der deutsche Gesetzgeber durch seine Art der Umsetzung der Richtlinie gegen den Tierschutz und für die Wissenschaftsfreiheit entschieden. Das sogenannte Versagungsermessen der Behörde ist durch eine gebundene Entscheidung ersetzt worden. Enthielt § 8 Abs. 3 TierSchG aF für solche Fälle noch die Formulierung „Die Genehmigung darf erteilt werden …“, wurde dieser Passus geändert in „… ist zu erteilen“ (§ 8 Abs. 1 TierSchG nF).

Die Justiz hielt die beantragten Tierversuche – entgegen der Behörde – zudem für ethisch vertretbar im Sinne von § 7 Abs. 3 TierSchG. Ein Beurteilungsspielraum stehe der Behörde nicht zu, so das BVerwG.

Einen Kunstgriff führte das Gericht dann auch bei der Frage aus, wie die ethische Abwägung der Bedeutung eines Versuchsvorhabens gegen die Belastung der sogenannten Versuchstiere (§ 7 Abs. 3 TierSchG aF) zugleich konkret und einzelfallbezogen und gleichzeitig die Bedeutung eines Versuchsvorhabens der Grundlagenforschung allein anhand ihres abstrakten Erkenntnisgewinns sein kann. Es stellt nämlich darauf ab, dass auf die Eigengesetzlichkeit des jeweiligen Wissenschaftszweigs Rücksicht zu nehmen sei, und hat auf der Grundlage der Darlegungen des Tierexperimentators entschieden, dass der relativ abstrakte Erkenntnisgewinn im Wesen der Grundlagenforschung liege.

Mit dieser Begründung hielt das Gericht die Versagung der Genehmigung der Tierversuche für rechtswidrig und sprach dem Tierexperimentator Recht zu.

Das Verwaltungsgericht Münster[2] hatte zu entscheiden, wie die Weigerung eines Pferdezüchters zu beurteilen ist, der sich dagegen wehrte, seine Pferde, die bereits mit dem sogenannten Schenkelbrand gekennzeichnet waren, Transponder implantieren zu lassen, wie es in § 44 ViehVerkV vorgesehen ist.

Er stützte seine Weigerung argumentativ unter anderem auf sein Eigentumsgrundrecht und auf ein tierärztliches Gutachten zu Kennzeichnungsmethoden bei Pferden mittels Heißbrandes und Transponderimplantation unter besonderer Berücksichtigung von Schmerzen und Leiden.

Letztlich setzte sich die Ansicht der beklagten Behörde durch, dass die Pflicht zur Implantation von Transpondern rechtmäßig sei und auch diejenigen Tiere betreffe, die bereits durch Schenkelbrand gekennzeichnet sind. § 44 Abs. 1 ViehVerkV genüge als Inhalts- und Schrankenbestimmung des Eigentums nach Art. 14 Abs. 1 und 2 GG den Anforderungen, die an einen gerechten Interessenausgleich zu stellen seien. Dies gelte mit Blick auf den durch die Verordnung bezweckten Seuchenschutz vornehmlich auch in Anbetracht des grundgesetzlich gewährleisteten Tierschutzes nach Art. 20a GG. Hinsichtlich Letzterem stellte das Gericht fest, dass Art. 20a GG die staatliche Gewalt zum Schutz der Tiere verpflichtet und mit der Aufnahme des Tierschutzes der ethisch begründete Schutz des Tieres, wie er bereits schon vorher Gegenstand des Tierschutzgesetzes war, gestärkt werden sollte. „Das Tier ist danach als eigenes Lebewesen zu schützen. Als Belang von Verfassungsrang ist der Tierschutz, nicht anders als der in Art. 20a GG schon früher zum Staatsziel erhobene Umweltschutz, im Rahmen von Abwägungsentscheidungen zu berücksichtigen und kann geeignet sein, ein Zurücksetzen anderer Belange von verfassungsrechtlichem Gewicht – wie etwa der Einschränkung von Grundrechten – zu rechtfertigen."

Im Ergebnis folgte das Gericht jedoch der Argumentation des Klägers nicht, Art. 20a GG stehe der Verpflichtung zur Implantation eines Transponders entgegen. Es begründete seine Auffassung damit, dass das Verfassungsgut Tierschutz sich gegen konkurrierende Belange von verfassungsrechtlichem Gewicht nicht notwendigerweise durchsetzen müsse. Den normsetzenden Organen, die dem Staatsziel Tierschutz mit geeigneten Vorschriften Rechnung zu tragen haben, komme ein weiter Gestaltungsspielraum zu. Im konkreten Fall bestünden keine tierschutzrechtlichen Belange, die sich in Anbetracht des mit § 44 Abs. ViehVerkV verfolgten Zwecks notwendigerweise gegenüber der Kennzeichnungspflicht mittels Transponders durchsetzen könnten. Selbst wenn es stimmen würde, so das Gericht, dass der Heißbrand weniger Schmerzen beim Tier erzeugt als die Transponderkennzeichnung, was umstritten sei, so habe der Gesetzgeber seinen Gestaltungsspielraum nicht verlassen. Schließlich sei es ihm nicht verwehrt, sich bei einer offenen gutachterlichen Ausgangslage einer vertretenen wissenschaftlich fundierten Meinung anzuschließen – selbst wenn es im Einzelfall bei der Kennzeichnung durch Transponder zu Schmerzen beim Tier kommt, da es sich beim Schutz vor Tierseuchen um ein übergeordnetes Interesse handele und die Abwehr bzw. Eindämmung von Infektionen auch dem Wohl jedes einzelnen Tieres diene.

Der Bayerische Verwaltungsgerichtshof [3] entschied im Anschluss an die Entscheidung des VG München, Az.: M 22 K 12.62, dass die behördliche Ablehnung des Antrags der Kläger auf Erteilung einer Genehmigung zur Haltung eines Hundes der Rasse Staffordshire Terrier rechtmäßig war.
Diese Hunderasse fällt unter die bayerische „Kampfhundeverordnung" (Verordnung über Hunde mit gesteigerter Aggressivität und Gefährlichkeit), in § 1 dieser Verordnung wird bei dieser Rasse von Hunden sowie deren Kreuzungen untereinander oder mit anderen Hunden die Eigenschaft als Kampfhund stets vermutet. Gemäß § 37 des bayerischen Gesetzes über das Landesstrafrecht und das Verordnungsrecht auf dem Gebiet der öffentlichen Sicherheit und Ordnung (Landesstraf- und Verordnungsgesetz – LStVG) bedarf es zum Halten eines solchen Hundes einer behördlichen Erlaubnis. Diese Erlaubnis darf nur erteilt werden, wenn der Antragsteller u.a. ein berechtigtes Interesse nachweist. Als berechtigtes Interesse ist vom Gesetz insbesondere die Bewachung eines gefährdeten Besitztums anerkannt – also ein menschliches Nutzungsinteresse an dem Tier.
Die Hundehalter hatten unter Berufung auf Art. 20a GG erklärt, dass das Staatsziel Tierschutz bestmöglich verwirklicht werden müsse, was nur dann der Fall sei, wenn ein wesensüberprüfter Hund nicht dauerhaft in einem Tierheim verbleiben müsse, obschon ihm bei den Klägern ein liebevoller Familienanschluss und artgerechte Haltung angedeihen würde. Das Gericht wies diese Auffassung mit dem Argument zurück, dass das berechtigte Interesse im Sinne des Gesetzes nicht allein mit den von den Klägern geltend gemachten tierschützerischen Interessen nachgewiesen sei. Mit dem Begriff „Tierschutz" sei hier von den Klägern nichts anderes ausgedrückt worden als ein Liebhaberinteresse. Das Argument, dass der Hund bei ihnen in der Familie besser und artgerechter untergebracht wäre als im Tierheim, werteten die Richter lediglich als den Wunsch der Kläger, dass sie einen Kampfhund halten wollten. Dies reiche, so das Gericht, nicht aus, um ein berechtigtes Interesse nachzuweisen, insbesondere vor

dem Hintergrund der von Kampfhunden ausgehenden Gefahren für die öffentliche Sicherheit und Ordnung und der daraus folgenden Notwendigkeit einer engen Auslegung der Genehmigungsvoraussetzungen.
In zwei weiteren gerichtlichen Beschlüssen ging es jeweils um die Rechtmäßigkeit eines Tierhaltungsverbots auf der Grundlage von § 16a TierSchG:

Zum einen handelt es sich um einen Beschluss des VG Arnsberg[4], das einer Hundehalterin ein Tierhaltungs- und Betreuungsverbot erteilte, weil sie ihren Hund wiederholt durch Tritte, Zerren an der Kette und längeres Einsperren im Auto misshandelt hatte.

Zwar war es in diesem Fall so, dass wesentliche Erkenntnisse und Vorfälle der Behörde bei Erlass des Haltungsverbots überhaupt nicht bekannt waren, weil sie es z.B. versäumt hatte, die Wohnung und das Kfz der Klägerin in Augenschein zu nehmen – beides war nach Auskunft eines Zeugen mit Hundeexkrementen und Urin verunreinigt –, jedoch reichten trotz dieser Ermittlungsdefizite die behördlicherseits vorliegenden Erkenntnisse für die Wirksamkeit und die Rechtmäßigkeit des Tierhaltungsverbots gegen die psychisch kranke Klägerin aus.

Das Gericht betont, dass es insbesondere nicht darauf ankommt, ob die Klägerin schuldhaft bei der Haltung ihres Hundes gegen tierschutzrechtliche Bestimmungen verstoßen habe. „Denn das Tierschutzrecht dient entsprechend § 1 TierSchG dem Schutze des Lebens und des Wohlbefindens von Tieren und soll der Gefahr der Verletzung tierschutzrechtlicher Bestimmungen entgegenwirken."

Das Gericht führt weiter aus: „Die Untersagung der Haltung und Betreuung von Tieren durch den Antragsgegner lässt trotz der zugegebenermaßen knappen Begründung durchgreifende Ermessensfehler nicht erkennen. Sie ist geeignet und erforderlich, um zukünftige tierschutzwidrige Behandlungen von Tieren, die die Antragstellerin hält oder betreut, zu verhindern. Insbesondere ist kein ebenso wirksames, aber für die Antragstellerin milderes Mittel ersichtlich. Die Haltungs- und Betreuungsuntersagung greift auch nicht unverhältnismäßig in Rechte der Antragstellerin ein. Angesichts des hohen Gutes des Tierschutzes, der als Staatszielbestimmung in Art. 20a GG Verfassungsrang genießt, muss das Recht der Antragstellerin, Tiere zu halten und zu betreuen, hinter der öffentlichen Verpflichtung, Tiere vor Schäden und Leiden zu bewahren, zurückstehen."

Zum anderen bestätigte das Verwaltungsgericht Cottbus[5] die behördliche Verfügung, gerichtet an den Antragsteller, seinen Tierbestand in Form einer Pferde-, Hunde- und Katzenhaltung durch Veräußerung oder anderweitige Abgabe an Dritte aufzulösen. Rechtsgrundlage war auch in diesem Fall § 16a TierSchG. Das Gericht stellt hierzu fest: „Aus dem Wortlaut, der Entstehungsgeschichte […] und aus Sinn und Zweck des § 16a Abs. 1 S. 1 TierSchG ergibt sich, dass der Gesetzgeber die zuständigen Überwachungsbehörden zu Eingriffen zwecks Unterbindung von Verstößen gegen Vorschriften über den Tierschutz ermächtigen wollte. Dies zeigt die im Gesetz vorgenommene Verknüpfung von Tatbestand und Rechtsfolge. Die umfassende Ermächtigung zur Beseitigung bereits erfolgter oder zur Verhütung zumindest bevorstehender Verstöße gegen den Umgang mit Tieren entspricht auch dem Sinn und Zweck des Tierschutzgesetzes. Die Gewährleistung eines effektiven Tierschutzes, die dem aus Art. 20a GG ableitbaren Auftrag zum Schutz des Lebens und der Gesundheit von Tieren dient, verlangt umfassende und intensive Eingriffsbefugnisse der zuständigen Fachbehörden."

Inhaltlich hatte der klagende Tierhalter entgegen einem gegen ihn gerichteten, bestandskräftigen und unbefristetem Tierhaltungs- und -betreuungsverbot Tiere gehalten. Diese wurden in viel zu beengten Räumen und auf mit Exkrementen durchtränkten Flächen gehalten.

Das Gericht stellt in seinem Beschluss u.a. klar, dass die Wirkung einer Tierhaltungsuntersagung nicht regional begrenzt auf den Zuständigkeitsbereich der verfügenden Behörde ist, „denn dies wäre mit dem Sinn und Zweck der Vorschrift, ungeeignete und unzuverlässige Tierhalter ‚aus dem Verkehr zu ziehen', unvereinbar. Die Untersagung gilt vielmehr für den gesamten Geltungsbereich des Tierschutzgesetzes, d.h. für die Bundesrepublik Deutschland."

Art. 20a GG spielt bei der Entscheidung auch insoweit eine Rolle, als er zur Begründung des überwiegenden öffentlichen Interesses an der sofortigen Vollziehung der Anordnung dient: „Denn der aus Art. 20a GG ableitbare Auftrag des Staates zum Schutz des Lebens und der Gesundheit von Tieren gebietet es, dass derjenige, der ein Tier hält oder betreut, die Folgen tierschutzrechtlicher Maßnahmen im Sinne von § 16a TierSchG hinzunehmen hat, wenn hinreichender Anlass zu der Annahme besteht, dass aus der weiteren Haltung oder Betreuung von Tieren durch den oder die Betroffene(n) eine Gefahr für deren angemessene Ernährung, Pflege und verhaltensgerechte Unterbringung resultiert […]"

Zu dem Thema Taubenfütterungsverbot sind im Jahr 2014 mehrere Urteile ergangen, die Bezug auf Art. 20a GG nehmen.

Zunächst genannt sei ein Beschluss des Bayerischen Verwaltungsgerichtshofs[6], in dem es um eine Klage gegen eine bayerische Stadt ging, die ein Taubenfütterungsverbot gestützt auf Art. 16 LStVG erlassen hatte und der Klägerin unter Androhung von Zwangsgeld untersagt hatte, im Stadtgebiet verwilderte Tauben zu füttern oder Futter auszulegen, das erfahrungsgemäß von Tauben aufgenommen wird.

Die Klägerin wendete dagegen ein, dass sie aus Mitgefühl und Gewissensnot handele, um die Tauben nicht qualvoll verhungern zu lassen. Die Verordnung der Stadt sei mit dem verfassungsrechtlich verbürgten Staatsziel Tierschutz aus Art. 20a GG und dem gesetzlichen Tierschutz unvereinbar. Sie machte geltend, dass Stadttauben keine Wildtiere mehr seien. Es sei unzutreffend, dass sie wegen fehlenden Futterangebots abwanderten. Vielmehr blieben sie in der Stadt und erlitten hier einen tierquälerischen Hungertod. Abgesehen davon, dass die von der Beklagten vorgebrachte Gefährdung der menschlichen Gesundheit angezweifelt werde, könne eine Bestandskontrolle der Stadttauben nicht über Fütterungsverbote erfolgen. Nur ein Gesamtkonzept mit kontrollierten Futterstellen ermögliche eine tiergerechte Lösung. Eine solche Strategie werde in zahlreichen anderen deutschen Städten mit Erfolg durchgeführt.

Das VG Ansbach hatte in der Vorinstanz das Argument der Klägerin, die Verordnung verstoße gegen Art. 20a GG, mit dem Hinweis verworfen, das Taubenfütterungsverbot, sowohl hinsichtlich der Verordnung als auch hinsichtlich der gesetzlichen Grundlage, stehe schon deswegen mit Art. 20a GG in Einklang, weil es sich um eine Staatszielbestimmung handele und nicht um eine individualschützende Norm, und wies die Klage ab. Im Berufungszulassungsverfahren machte die Klägerin, gestützt auf das Rechtsstaatsprinzip, dagegen geltend, dass die angefochtene Verfügung und die Taubenfütterungsverordnung objektiv rechtswidrig seien und sie deshalb in ihren Rechten verletzt werde. Würde die Auffassung der ersten Instanz Geltung erhalten, wäre Art. 20a GG nahezu bedeutungslos.

Im Ergebnis wies das Gericht die Argumentation der Klägerin zurück und führte dazu aus, dass bei verfassungskonformer Auslegung der Ermächtigungsnorm das Taubenfütterungsverbot Bestand habe. Das Verbot diene der Verhütung von Gefahren für das Eigentum sowie dem Schutz der öffentlichen Reinlichkeit, die insbesondere durch die Verkotung durch Tauben beeinträchtigt werde und durch die es sogar zu einer Gefährdung der Gesundheit kommen könne. Vor diesem Hintergrund bewege sich die Beklagte im Rahmen der verfassungsrechtlichen und gesetzlichen Vorgaben, wenn sie der Gefahrenabwehr den Vorrang vor tierschutzrechtlichen Belangen einräumt. Aus Art. 20a GG ergebe sich keine Verpflichtung der Verordnungsgeberin, aus sämtlichen Alternativen, die zur Erreichung der mit der Verordnung verfolgten Zwecke, nämlich der Abwehr der durch verwilderte Tauben entstehenden Gefahren für das Eigentum und zum Schutz der öffentlichen Reinlichkeit, geeignet sind, nur die dem Tierschutz am meisten entgegenkommende Alternative zu wählen. Art. 20a GG zwinge den Gesetzgeber nicht dazu, allein das von der Klägerin gewünschte Alternativkonzept zur tierschutzgerechten Begrenzung der Taubenpopulation zu ermöglichen.

Auch in einem anderen Fall, entschieden durch das Verwaltungsgericht Stuttgart[7], bestätigte das Gericht die Zulässigkeit eines Taubenfütterungsverbots und stellt dabei im Hinblick auf Art. 20a GG insbesondere darauf ab, dass damit ein absoluter Schutz der Tiere nicht verbunden sei. Es solle nur ein „ethisches Mindestmaß“ sichergestellt werden, wonach die Tiere in ihrer Mitgeschöpflichkeit zu achten und ihnen vermeidbare Leiden zu ersparen seien. Dies gebiete, Leben und Wohlbefinden des Tieres zu schützen, und fordere insbesondere, dass niemand einem Tier „ohne vernünftigen Grund“ Schmerzen, Leiden und Schäden zufügen darf. Das Taubenfütterungsverbot wahre die Anforderungen des ethischen Tierschutzes, so das Gericht. Es sei zur Konkretisierung des tierschutzrechtlichen Grundanliegens, Tieren vermeidbare Leiden zu ersparen, darauf abzustellen, ob die Leiden nach Maßgabe des Grundsatzes der Verhältnismäßigkeit durch einen vernünftigen Grund zu rechtfertigen sind. Dies sei hier angesichts der mit dem Taubenfütterungsverbot verfolgten Zwecke zu bejahen; dies gelte auch in Bezug auf die Erforderlichkeit des Taubenfütterungsverbots für die angestrebte Bestandsreduzierung und -kontrolle.

Die Beklagte selbst hatte im Rahmen des Verfahrens vorgetragen, dass Art. 20a GG die Verwirklichung des Tierschutzes sicherstellen und ein „Rückschrittverbot“ für den Tierschutz bewirkt werden solle. Solange sich die Größe der Taubenpopulation dem verringerten Nahrungsangebot noch nicht angepasst habe, sei ein Fütterungsverbot zwar auch mit Leiden für die Tauben verbunden, die sich in der Konkurrenz um das vorhandene Futter nicht durchsetzen könnten und deswegen mangels ausreichender Nahrung geschwächt würden und letztendlich verendeten. Dies sei aber mit dem ethischen Mindestmaß im Umgang mit den Tieren zu vereinbaren.

Das Verwaltungsgericht Magdeburg[8] hatte im März 2014 in einem Fall über die Haltungsbedingungen in einer Schweinezucht zu entscheiden. In Ferkelproduktionsbetrieben werden die Muttertiere zeitweise in sogenannten Kastenständen untergebracht. Die beklagte Behörde hatte im vorliegenden Fall einen Bescheid erlassen, wonach einem Zuchtbetreiber u.a. aufgetragen wurde, seine Kastenstände in der Art umzugestalten, dass – entsprechend § 24 Abs. 4 TierSchNutzV – gewährleistet ist, dass die Tiere in den Kastenständen ungehindert aufstehen, sich hinlegen, den Kopf ausstrecken und in Seitenlage die Gliedmaßen ausstecken können. Die Tiere lebten in dem betroffenen Betrieb – wie durch Fotomaterial belegt wurde – in extrem beengten Verhältnissen: Teilweise stießen sie liegend an die Kastenstände, ihren Gliedmaßen ragten unter den Gitterstäben hinaus. Einige der Tiere konnten aufgrund der beengten Verhältnisse sogar Vorder- und Hinterläufe in den jeweils benachbarten Kastenstand strecken. Die Klägerin bezweifelte die Rechtmäßigkeit der Anordnung deshalb, weil durch die beklagte Behörde in der Vergangenheit geringere Anforderungen an die Größe der Kastenstände gestellt worden sei, denen die Klägerin nachgekommen sei.

Bereits im Eilrechtsrechtsschutzverfahren erfolglos gegen die behördlichen Anordnungen vorgegangen, klagte sie nun vor dem Verwaltungsgericht. Doch auch das Verwaltungsgericht Magdeburg erkannte die Anordnungen für rechtmäßig an.

Die Argumente der Klägerin seien nach Auffassung des Gerichts nicht stichhaltig: Gerade im Hinblick auf das Staatsziel Tierschutz aus Art. 20 a GG habe ein Festhalten an dieser rechtswidrigen Praxis der Klägerin gegenüber den Belangen des Tierschutzes nach der TierSchNutzV zurückzutreten.

<u>*Quellen:*</u>

[1] BVerwG, Beschluss vom 20.01.2014, Az.: 3 B 29/13

[2] VG Münster, Urteil vom 05.06.2014, Az.: 5 K 1303/13

[3] BayVGH, Beschluss vom 02.06.2014, Az.: 10 ZB 12.2320

[4] VG Arnsberg , Beschluss vom 28.10.2014, Az. 8 L 988/14

[5] VG Cottbus, Beschluss vom 02.12.2014, Az.: VG 3 L 241/14

[6] BayVGH, Beschluss vom 04.08.2014, Az.: 10 ZB 11.1920

[7] VG Stuttgart, Urteil vom 27.05.2014, Az.: 5 K 433/12

[8] VG Magdeburg, Urteil vom 03.03.2014, Az.: 1 A 230/14 MD

TIERSCHUTZVERBANDSKLAGERECHT
ENTWICKLUNG UND CHANCEN FÜR DIE TIERRECHTE

Ein zentrales Problem des Tierschutzrechts ist, dass die Betroffenen und Leidtragenden von Gesetzesverstößen – nämlich die Tiere – hiergegen nicht klagen können.

Der alte lateinische Rechtsgrundsatz „Ubi non accusator, ibi non iudex!" (Wo kein Kläger, da kein Richter) ist eine der verhängnisvollsten Tatsachen, die Abermillionen von Tieren allein in Deutschland schutzlos der Willkür von Tierzüchtern, Mastanlagen- und Schlachthausbetreibern, Tierexperimentatoren, -händlern und -haltern und Behörden aussetzen.

Da die Stimmen und verzweifelten Rufe der Tiere gegen Misshandlung, Vernachlässigung und Zufügung von Leiden und Schmerzen ungehört bleiben, ist es erforderlich, dass sie und ihre Interessen fachkundig und effektiv vor Gericht vertreten werden. Hierzu ist es notwendig, ein flächendeckendes, d.h. bundesweites Tierschutzverbandsklagerecht einzuführen, das Tierschutz- und Tierrechtsorganisationen dazu ermächtigt, Rechtsbehelfe gegenüber Verwaltungsakten von Behörden mit Bezug zum Tierschutz einzulegen und an tierschutzrelevanten Rechtsetzungs- und Verwaltungsverfahren mitzuwirken.

Bislang können massive Verstöße gegen Tierschutzrecht, die sogar einen Straftatbestand erfüllen, lediglich bei der Staatsanwaltschaft angezeigt werden, die dann im Rahmen eines Ermittlungsverfahrens, in dem wiederum der Grundsatz „im Zweifel für den Beschuldigten/Angeklagten" gilt, über den weiteren Verlauf entscheidet. Herrin des Verfahrens ist allein die Staatsanwaltschaft.

Behörden und Richter sehen sich in verwaltungsgerichtlichen Verfahren, in denen es z. B. um die Frage der Genehmigung von beantragten Tierfabriken oder von Tierversuchsvorhaben geht, einer Situation ausgesetzt, in der sie bei Versagung einer beantragten Genehmigung gegebenenfalls mit Amtshaftungsansprüchen bzw. mit Rechtsmitteln des Antragstellers rechnen müssen. Im Falle einer rechtswidrigen Genehmigung drohen derlei Konsequenzen dagegen nicht. Deshalb besteht die Gefahr, dass im Zweifel eine Entscheidung zu Lasten der Tiere getroffen wird. Dieses Ungleichgewicht zu Lasten der Tiere soll mit einem Tierschutzverbandsklagerecht abgemildert werden. Denn aktuell kann lediglich ein „Zuviel Tierschutz", nicht aber das „Zuwenig Tierschutz" eingeklagt werden.

Auch aus diesem Grund ist es – vor allem vor dem Hintergrund der verfassungsrechtlichen Verankerung des Staatsziels Tierschutz in Art. 20a Grundgesetz – unerlässlich, dass, wenn Tieren schon keine subjektiven Rechte eingeräumt werden, zumindest ein Verbandsklagerecht zugunsten von Organisationen eingeführt wird, mit dem sie die Einhaltung tierschutzrechtlicher Bestimmungen einklagen können, obgleich sie nicht in ihren eigenen Rechten betroffen sind.

Nachdem das Ziel eines bundeseinheitlichen Tierschutzverbandsklagerechts, das die SPD noch in ihrem Wahlprogramm hatte, in den Koalitionsverhandlungen auf Drängen der CDU/CSU gestrichen wurde, haben einige Bundesländer entschieden, die Tierschutzverbandsklage auf Landesebene einzuführen.

Nachdem im Jahr 2007 Bremen[1], dann 2013 das Saarland[2], Nordrhein-Westfalen[3] und Hamburg[4] Tierschutzverbandsklagerechtsgesetze beschlossen hatten, folgten 2014 Rheinland-Pfalz[5] und Schleswig-Holstein[6]. Länder wie Sachsen und Bayern haben entsprechende Gesetzentwürfe abgelehnt. In anderen Bundesländern wie Baden-Württemberg, Niedersachsen und Sachsen-Anhalt laufen die parlamentarischen Verfahren noch – mit unterschiedlichen Erfolgsaussichten.[7]

Die Einführung von Verbandsklagerechten auf Länderebene bewirkt im Vergleich zu einer bundeseinheitlichen Regelung nicht nur einen rechtlichen Flickenteppich, der das grundgesetzliche Staatsziel Tierschutz zur Disposition der einzelnen Länder stellt und damit Anreize zu einem Tierausbeutungstourismus in die tierschutzrechtlich rückständigsten Bundesländer fördert. Zudem verhindert er in der aktuellen Ausgestaltung auch, dass Tierschutz- und Tierrechtsorganisationen bundesweit agieren können – sie werden auf den Geltungsbereich des jeweiligen Landesgesetzes beschränkt, in dem sie ihren Sitz haben. Dies führt wiederum zu einer sachlich ungerechtfertigten Beschränkung der Handlungsmöglichkeiten zu Lasten der Tiere mit Mitteln der Kleinstaaterei, die vielleicht im 19. Jahrhundert nachvollziehbar gewesen wären, nicht aber den Gegebenheiten und Erfordernissen des 21. Jahrhunderts Rechnung tragen.

Quellen:

[1] *https://bremen.beck.de/?bcid=Y-100-G-brtsvbklg-name-inh*

[2] *http://sl.juris.de/cgi-bin/landesrecht.py?d=http://sl.juris.de/sl/gesamt/TierSchVKG_SL.htm#TierSchVKG_SL_rahmen*

[3] *https://recht.nrw.de/lmi/owa/br_vbl_detail_text?anw_nr=6&vd_id=13926*

[4] *www.landesrecht-hamburg.de/jportal/portal/page/bshaprod.psml?doc.id=jlr-TierSchVKGHArahmen&st=lr&showdoccase=1&paramfromHL=true#focuspoint*

[5] *www.landesrecht.rlp.de/jportal/portal/t/1cx0/page/bsrlpprod.psml?doc.hl=1&doc.id=jlr-TierSchVKGRPrahmen&documentnumber=1&numberofresults=1&showdoccase=1&doc.part=R&paramfromHL=true#focuspoint*

[6] *www.schleswig-holstein.de/DE/Landesregierung/IV/Service/GVOBI/GVOBI/2015/gvobl_02_2015.pdf?__blob=publicationFile&v=2*

[7] *In Baden-Württemberg ist Mitte 2015 das Verbandsklagerecht beschlossen worden.*

VERBRAUCHERINFORMATIONSGESETZ (VIG), INFORMATIONSFREIHEITSGESETZ (IFG), UMWELTINFORMATIONSRICHTLINIE (UIG), LANDESPRESSEGESETZE

TIERRECHTE MÜSSEN DURCHGESETZT WERDEN

„Wissen ist Macht" ist ein bekannter Ausspruch und markiert die Besonderheit von Informationen. Staatliche Organe und hoheitliche Institutionen ziehen vor allem daraus ihre „besondere" Stellung und hüten das „Herrschaftswissen". Dabei verkennen diese Organe, dass sie im Auftrag der Gesellschaft agieren und von dieser auch bezahlt werden. Das Horten von Herrschaftswissen, oftmals falsch begründet mit dem Datenschutz oder dem Schutz der Sicherheit und Ordnung oder von Betriebsgeheimnissen, meist zum Vorteil und Schutz von Täterkreisen, ist in vielen Fällen rechtswidrig, wird aber immer wieder versucht.

Sobald eine tierrechtliche Angelegenheit mit Umweltaspekten zu tun hat, können behördliche Informationen über die Umweltinformationsrichtlinie erwirkt werden, zu der es bereits eine gut ausgeurteilte Rechtsprechung gibt. Solche Fallkonstellationen sind vorstellbar, wenn Wildtiere oder auch überwiegend nicht domestizierte, vielleicht sogar artengeschützte Tiere in Gefangenschaft betroffen sind.

Die Informationsfreiheitsgesetze des Bundes und auch der meisten Bundesländer (ca. 12) eröffnen Freigaben von behördlichen Informationen, auch wenn dies oftmals schwierig ist. Nicht immer können juristische Personen, also Vereine, Verbände etc., solche IFG-Anträge stellen, sondern nur natürliche Personen, also Privatpersonen. Auch ist die „Freigiebigkeit" der IFGs sehr unterschiedlich ausgestaltet, so fallen ganze Komplexe wie Hochschulen etc. aus dem Anspruch auf Informationsfreiheit heraus. Nach IFG sind Fristen einzuhalten, die je nach Anhörung von Betroffenen verlängert werden können. Solche Fristen werden vielfach überzogen. So dauert ein Verfahren nach dem Thüringischen Informations- und Freiheitsgesetz zum Pferdegestüt Falkenhorst im Widerspruchsverfahren bereits seit Anfang 2013 an. Das Jahr 2014 war geprägt von Zuständigkeits-Verschiebungen innerhalb des Thüringer Landesverwaltungsamtes, die bis weit in das Jahr 2015 nicht geklärt worden sind („Die Bearbeitungsdauer resultiert daraus, dass die Frage der Zuständigkeit für das Widerspruchsverfahren noch nicht geklärt ist.")[1]

Neben Versuchen, über Kosten Informationssuchende nach IFG abzuweisen, wie dies im IFG-Verfahren zur Auskunft über die Fürstenhof-Betriebe vom Landesamt für Landwirtschaft, Lebensmittelsicherheit und Fischerei Mecklenburg-Vorpommern versucht worden ist[2], wird vielfach auf Nichtzulässigkeit der Preisgabe persönlicher Daten verwiesen, obwohl es den Informationssuchenden auf diese gar nicht ankommt. Es besteht dann auch die Möglichkeit, die Landesbeauftragten für den Datenschutz der Bundesländer anzuschreiben und zu versuchen, die Blockadehaltung der angeschriebenen Behörde aufzulösen, so wie dies im IFG-Verfahren beim Landkreis Rostock der Fall war, wo die Auskunft zum Ausgang eines verwaltungsgerichtlichen Verfahrens und zum Schließungszeitpunkt einer Nerzfarm in Güstrow zunächst verweigert wurde.[3] In einigen Bundesländern kann gegen einen Ablehnungsbescheid noch in Widerspruch gegangen werden, in anderen Bundesländern kann nur direkt Klage beim zuständigen Verwaltungsgericht erhoben werden. So hat das Verwaltungsgericht Minden in einem solchen IFG-Fall ein Informationsbegehren zu Behörden-Akten zu einem Zirkus mit Schimpansenhaltung mit der Begründung abgelehnt, dass zum einen der betroffene Zirkusdirektor seine Zustimmung zur Herausgabe der behördlichen Informationen verweigert habe, zum anderen die Unterlagen personenbezogene Daten beinhalteten, die der Betroffene nicht hinnehmen müsse. Das Verfahren liegt seit Mitte 2014 beim Oberverwaltungsgericht für das Land Nordrhein-Westfalen in Münster.[4]

Auch Informationen nach den Landespressegesetzen sind einholbar, wenn das Informationsbegehr den üblichen Umfang einer Presseauskunftsanfrage nicht übersteigt. Auch hier werden unterschiedliche Maßstäbe von den Behörden angelegt. In den meisten Fällen reicht die Vorlage eines gültigen Presseausweises einer Journalistengewerkschaft.

Nach dem 2012 novellierten Verbraucherinformationsgesetz können Informationen zu Lebensmitteln bei Behörden abgefragt werden. Hierzu können auch Informationen aus Schlachthöfen gehören, z.B. wenn es um unzulässige Abweichungen im Schlachtprozess geht, wobei einige Landkreisbehörden die Auffassung vertreten, dass zum Begriff „Lebensmittel“ nicht „lebende Tiere, soweit sie nicht für das Inverkehrbringen zum menschlichen Verzehr hergerichtet worden sind“ gehören, also auch keine Schlachttiere, denn dort wird ja ein Teil nicht dem menschlichen Verzehr zugeführt. Darüber hinaus wird reklamiert, dass die Bekanntgabe der Informationen nach VIG über „unzulässige Abweichungen“ das Betriebs- und Geschäftsgeheimnis betreffen könnten, dies sei unzulässig. Es sind überwiegend die solchen Verwaltungsgerichtsverfahren beigeladenen

Schlachthofbetreiber und deren Anwaltskanzleien, die solche Rechtsauffassungen, die von einigen Landkreisbehörden vor allem in Niedersachsen übernommen werden, vertreten.

2014 ergingen neben einem Urteil des Verwaltungsgerichts Ansbach zwei Urteile des Verwaltungsgerichts Regensburg zum VIG, in die auch PETA Deutschland involviert war. Mit beiden Urteilen gab das Verwaltungsgericht dem Landratsamt Straubing-Bogen statt, das Informationen nach dem VIG an eine Privatperson herausgeben wollte. Das Verwaltungsgericht wies damit erstinstanzlich die Klagen der Donautal Geflügelspezialitäten Zweigniederlassung der Lohmann & Co. AG zurück. Das Verwaltungsgericht urteilte u.a.:
„Nach Auffassung der zur Entscheidung berufenen Kammer liegt ein Verstoß nicht erst dann vor, wenn die von den Behörden festgestellte Abweichung von lebensmittelrechtlichen Vorschriften in einem Ordnungswidrigkeiten- oder Strafverfahren geahndet worden ist. Mit dem Bayerischen Verwaltungsgerichtshof (Beschluss vom 22.02.2009, Az. G 09.1 <juris>) geht das Gericht davon aus, dass ein Verstoß gegen das Lebensmittel- und Futtermittelgesetzbuch (LFGB) stets dann vorliegt, wenn ein Vorgang nicht mit den darin festgelegten Vorschriften in Einklang steht. Diese Auslegung entspricht der europarechtlichen Definition eines Verstoßes. Ein Verstoß ist danach, die Nichteinhaltung des Futtermittel- oder Lebensmittelrechts und der Bestimmungen über Tiergesundheit und Tierschutz‘ (VO-EG-Nr. 882/2004 vom 29.04.2004, Art. 2 Nr. 10). Eine Ahndung des Verstoßes in einem Ordnungswidrigkeiten- oder Strafverfahren wird damit nicht gefordert. Auch dem Verbraucherinformationsgesetz in der hier anwendbaren Fassung ist eine derartige Einschränkung nicht zu entnehmen. § 1 Abs. 1 Satz 1 Nr. 1 VIG a.F. differenziert vielmehr zwischen Verstößen sowie Maßnahmen und Entscheidungen, die im Zusammenhang mit den Verstößen getroffen worden sind. Zu den Maßnahmen und Entscheidungen im Sinne dieser Vorschrift zählen u.a. auch die Einleitung von Straf- und Ordnungswidrigkeitsverfahren. Ferner steht der mit dem Verbraucherinformationsgesetz bezweckte Verbraucherschutz der Einengung des Informationsanspruchs auf sanktionierte Verstöße entgegen.

Die übrigen Informationen, welche der Beklagte beabsichtigt, an den Beigeladenen herauszugeben, unterfallen dem Begriff des Verstoßes gegen lebensmittelrechtliche Vorschriften. Dies gilt unzweifelhaft für die insgesamt 6 Bußgeldbescheide gegen leitende Beschäftigte der Klägerin. Deren Inhalt würde auch unter Zugrundelegung der Rechtsauffassung der Klägerin einen Verstoß darstellen. Darüber hinaus unterfallen auch die drei Anordnungen zur Mängelbeseitigung dem Informationsanspruch. Es handelt sich hierbei um Maßnahmen, die aufgrund von der zuständigen Stelle festgestellter Verstöße, die den Anordnungen zugrunde liegen, getroffen worden sind. Entsprechendes gilt für drei Zwangsgeldfestsetzungen [gemeint sind wohl Zwangsgeldfälligstellungen] sowie für die drei Zwangsgeldandrohungen, deren Inhalt an den Beigeladenen weitergegeben werden soll.

Allerdings bestimmt § 2 Satz 3 VIG a.F. ausdrücklich, dass Informationen nach § 1 Abs. 1 Satz 1 Nr. 1 VIG a.F. – also Informationen über Verstöße gegen das Lebensmittelrecht – nicht unter einen privaten Belang im eben beschriebenen Sinn subsumiert werden können. Der Gesetzgeber geht damit davon aus, dass Verstöße gegen das Lebensmittelrecht per se keine Betriebs- oder Geschäftsgeheimnisse sein können. Deshalb kommt es auch nicht entscheidungserheblich darauf an, ob aus den an den Beigeladenen weiterzugebenden Informationen relevante Rückschlüsse auf bestimmte Produktionsmethoden oder -vorgänge gezogen werden können, wie dies von der Klägerin vorgetragen wird.

Diesbezüglich ist darauf hinzuweisen, dass eine manipulierte Weitergabe der erhaltenen Informationen unter Umständen zivilrechtliche Unterlassungs- und Schadensersatzansprüche auslösen sowie zu strafrechtlichen Konsequenzen führen kann. Im Verfahren auf Informationsgewährung nach dem Verbraucherinformationsgesetz kann aber nicht von vorne herein unterstellt werden, dass ein Antragsteller beabsichtigt, die erhaltenen Informationen zu manipulieren, um dem betroffenen Lebensmittelunternehmen Schaden zuzufügen."[5]

„Mit dem Bayerischen Verwaltungsgerichtshof (Beschluss vom 22.12.2009, Az. G 09.1 <juris>) geht das Gericht davon aus, dass ein Verstoß gegen das Lebensmittelrecht – also eine Abweichung von lebensmittelrechtlichen Vorschriften – stets schon dann vorliegt, wenn ein Vorgang nicht mit den lebensmittelrechtlichen Vorschriften in Einklang steht.

Ferner steht der mit dem Verbraucherinformationsgesetz bezweckte Verbraucherschutz der Einengung des Informationsanspruchs auf sanktionierte Verstöße entgegen /so ausdrücklich BayVGH vom 22.12.2009,Az. G 09.1 <juris> und VGH BW vom 13.09.2010, NVwZ 2011, 443 jeweils zum Begriff des Verstoßes nach dem VIG a.F. der nunmehr durch den Begriff der Abweichung abgelöst worden ist; vgl. auch Schulz in: PdK-Bund, § 2 VIG Nr. 5.1.2).

Die Informationen, welche der Beklagte beabsichtigt, an den Beigeladenen herauszugeben, unterfallen dem so verstandenen Begriff der Abweichung. Dies gilt unzweifelhaft für die beiden Bußgeldbescheide, deren Inhalt sogar unter Zugrundelegung der Rechtsauffassung der Klägerin weitergegeben werden darf. Darüber hinaus unterfallen auch die drei Anordnungen zur Mängelbeseitigung und der mit einer Anordnung/Belehrung schließende Kontrollbericht dem Informationsanspruch.

Dem Informationsanspruch steht ferner nicht der private Belang des § 3 Satz 1 Nr. 2 Buchst. a) VIG entgegen. Danach besteht der Informationsanspruch nicht, soweit Zugang zu personenbezogenen Daten beantragt wird, es sei denn, das öffentliche Interesse an der Bekanntgabe überwiegt. Hinsichtlich der Definition der personenbezogenen Daten kann mangels besonderer Regelungen im Verbraucherinformationsgesetz auf die Definition des § 3 Abs. 1 des Bundesdatenschutzgesetzes (BDSG) zurückgegriffen werden. Danach sind personenbezogene Daten Einzelangaben über persönliche oder sachliche Verhältnisse einer bestimmten oder bestimmbaren natürlichen Person. Hierzu gehören u.a. der Name, die Adresse, Telefonnummern, Bankdaten, aber auch Angaben über körperliche Merkmale wie Größe, Gewicht, Haarfarbe und geistige Zustände, wie Einstellungen, Motive, Wünsche sowie politische, religiöse und sexuelle Einstellungen oder Präferenzen (vgl. Schulz in: PdK Bund, § 3 VIG, Nr. 5 unter Hinweis auf Semitis, § 3 BDSG, Rd.Nrn. 4 ff.). Derartige personenbezogene Daten beabsichtigt der Beklagte aber auch nicht, an den Beigeladenen herauszugeben. Vielmehr ist im streitgegenständlichen Bescheid ausdrücklich bestimmt, dass solche Daten vor der Herausgabe der Informationen an den Beigeladenen unkenntlich gemacht werden.

Der Gesetzgeber geht davon aus, dass Abweichungen von lebensmittelrechtlichen Vorschriften per se nicht dem Schutz durch Betriebs- und Geschäftsgeheimnisse unterfallen."[6]

Damit sind der Tierrechtsbewegung auch über solche Informationsgesetze Wege eröffnet, neben zulässigen Undercover-Ermittlungen Informationen über interne Abläufe z.B. in Schlacht- und Zerlegebetrieben zu erhalten, soweit sie unzulässige Abweichungen betreffen.

Quellen:

[1] *Schreiben des Präsidenten des Landesamtes für Verbraucherschutz an Dr. Haferbeck vom 23. Juni 2014, Az.: 14-0228-035 im Gesamtverfahrenskomplex IFG 22.2682.02. SOK.Haferbeck – SOK-FD 25-138-13 bu/ThürIFG – 3 E 548/13 VG Gera*

[2] *Schreiben des Landesamtes für Landwirtschaft, Lebensmittelsicherheit und Fischerei Mecklenburg-Vorpommern vom 4. Februar 2014 an Dr. Haferbeck, Az.: IFG/7102.3-13 zum IFG-Vorgang Fürstenhof-Betriebe*

[3] *IFG-Vorgang Az. 205.39.1/47-14/IFG des Landkreises Rostock – 5.8.1.007/008/2014-03860 Landesbeauftragte für Datenschutz und Informationsfreiheit Mecklenburg-Vorpommern v. 14. Mai 2014*

[4] *Verwaltungsgericht Minden: Urteil v. 14.05.2014 in der Streitsache Dr. Haferbeck gegen den Landkreis Minden-Lübbecke, Az.: 7 K 2678/12, anhängig am Oberverwaltungsgericht für das Land Nordrhein-Westfalen unter Az.: 8 A 1220/14*

[5] *Verwaltungsgericht Regensburg: Urteil v. 20.02.2014 in der Streitsache Donautal Geflügelspezialitäten Zweigniederlassung der Lohmann & Co. AG gegen das Landratsamt Straubing-Bogen, Az.: RN 5 K 12.1115, anhängig am Bayerischen Verwaltungsgerichtshof, Az.: 20 ZB 14.977*

[6] *Verwaltungsgericht Regensburg: Urteil v. 20.02.2014 in der Streitsache Donautal Geflügelspezialitäten Zweigniederlassung der Lohmann & Co. AG gegen das Landratsamt Straubing-Bogen, Az.: RN 5 K 12.1758, anhängig am Bayerischen Verwaltungsgerichtshof, Az.: 20 ZB 14.978*

EPILOG

Bei allen Erfolgen darf nicht verkannt werden, dass die Durchsetzung der Tierrechte mit erheblich mehr Schwierigkeiten verbunden ist, als dies in anderen Bereichen (Umwelt-, Arten-, Kinder-, Menschenschutz usw.) der Fall ist. Zwar ist nicht zuletzt durch die jahrzehntelange Arbeit der Tierrechtsorganisationen das Thema Tierrechte mittlerweile auf dem Boulevard der veröffentlichten Meinung angekommen, die Industrie entwickelt und listet nach und nach immer mehr vegane Produkte, unter dem manchmal schon inflationär gebrauchten Begriff der Nachhaltigkeit werden auch tierfreie Konsumartikel subsumiert. Hier ist vor allem der Kosmetik- und Bekleidungsbereich zu nennen. Doch ist auch durch den immer mehr Raum greifenden Tierrechtsanteil in der wirtschaftlichen Entwicklung eine Polarisierung zu beobachten. Die Gegenwehr einiger gesellschaftlicher Gruppen gegen die Gewaltfreiheit der Tierrechte wird immer massiver, die Tierrechtsbewegung sieht sich regelrechten Hasstiraden und -kampagnen ausgesetzt. Angesichts derjenigen Kräfte, die diese Kampagnen vorantreiben, kann dies als eine ganz besondere Bestätigung der Pionierarbeit für die Tierrechte gewertet werden. Nach der überwiegenden Sklavenbefreiung und der Durchsetzung von Frauen- und Kinderrechten stellt die Durchsetzung der Tierrechte die gesellschaftliche Pionierleistung des beginnenden 21. Jahrhunderts dar.

Maßgebliche Behinderungen auf diesem Weg stellen neben den tierausbeutenden Interessengruppen vor allem Behörden, Gesetzgeber und die Justiz dar. In den Bereichen Bekleidung, Unterhaltung, Tierversuche und Ernährung finden seit Jahrzehnten derartige systemimmanente Exzesse in der Ausbeutung der Tiere statt, dass die staatlichen Institutionen, die von diesen Auswüchsen wissen und sie seit Jahren dulden und nicht zur Abstellung bringen, als Unterlassungstäter anzusehen sind. Jede natürliche Person, die solche zum Geschäftsprinzip gehörenden Tierquälereien begeht, wird verurteilt, gerade auch durch Aufdeckung und Anzeigenerstattung von Tierrechtsorganisationen. Gesetzgeber, Behörden und auch Teile der Justiz scheinen immun gegen strafrechtliche Verfolgung zu sein, obwohl sie sich in hohem Maße schuldig machen angesichts der Auswüchse im Umgang mit den Lebewesen, die nicht nur durch das Tierschutzgesetz eben als „Mitgeschöpfe“, sondern auch durch die Verfassung der Bundesrepublik Deutschland geschützt sind. Einmal mehr wird die Historie dahingehend bestätigt, dass durchgreifende gesellschaftliche Entwicklungen immer aus der Gesellschaft heraus angestoßen und durchgesetzt werden, so gut wie nie von der Staatsgewalt und den herrschenden Institutionen, die eine solche Entwicklung verhindern wollen. Es sind die Tierrechtsorganisationen, denen es gelingen wird, die Tierrechte auch gegen massivste Gegenwehr zur Durchsetzung zu bringen.

ANHANG

AUSWAHL DER ERFOLGE 2014 VON PETA DEUTSCHLAND E.V.

Im Jahr 2014 konnten auf mehreren Gebieten der Tierrechte Erfolge erzielt werden, wobei diese Aufstellung nur eine kleine Auswahl darstellt und sich auf die wichtigsten Erfolge konzentriert, eine vollständigere Chronologie befindet sich auf PETA.de/Erfolge. Die Liste ist chronologisch geordnet:

Wetzlar (Hessen): Jagd auf Füchse abgesagt
Dezember 2014 – Im November teilte die Stadt Wetzlar mit, Füchse im Stadtgebiet fangen und töten zu wollen, um die Tiere auf Krankheiten zu untersuchen. Nachdem PETA die Verantwortlichen darüber informierte, dass eine Krankheitsübertragung durch Füchse nahezu auszuschließen ist und aus wildbiologischer Sicht kein Grund für die Tötung der Tiere besteht, wurde das Vorhaben eingestellt.

Wedemark (Niedersachsen): Schimpansendamen Mimi und Dolly aus Hinterhof-Verschlag gerettet
November 2014 – Über 30 Jahre lang lebten zwei Schimpansinnen in einem kleinen, verdreckten und kargen Käfig auf dem Gelände einer Gärtnerei. PETA erfuhr Ende 2012 von dem Fall, führte daraufhin eine Undercover-Recherche durch und forderte das Veterinäramt auf, die Tiere zu beschlagnahmen. 2014 wurde der Druck auf die Behörden und den Halter durch eine Online-Petition und entsprechende Öffentlichkeitsarbeit erhöht. Schließlich stimmte der Mann zu, die betagten Menschenaffen in die niederländische Auffangstation AAP umziehen zu lassen.

Ab April 2015 neues Jagd- und Wildtiermanagementgesetz in Baden-Württemberg
November 2014 – Nach über zwei Jahren, in denen PETA an intensiver Kampagnenarbeit beteiligt war, ist die Novellierung des Landesjagdgesetzes abgeschlossen. Die Forderungen von PETA und Natur- und Tierschutzverbänden wurden zwar nur ansatzweise erfüllt, doch sind künftig zumindest einige der tierquälerischsten Jagdmethoden – wie beispielsweise der Einsatz von Totschlagfallen, die Baujagd am Naturbau sowie der Abschuss von Hunden und Katzen – weitgehend verboten.

Neuburg an der Donau erteilt Tierquälerei im Zirkus eine Absage
Oktober 2014 – Der Stadtrat von Neuburg an der Donau hat entschieden, künftig keine städtischen Flächen mehr an Zirkusbetriebe zu ver-

mieten, die Wildtiere mitführen. PETA hatte zuvor an die Verantwortlichen appelliert, einen solchen Beschluss zu fassen.

6000 Euro Geldbuße für Fischquälerei – Betreiber der „Angelparadiese" Zwillbrock und Vreden muss teuer bezahlen
Oktober 2014 – Nachdem PETA im September 2013 bereits zum zweiten Mal Anzeige gegen den Betreiber der Angelparks Zwillbrock und Vreden erstattet hatte, wurde nun vom Amtsgericht Ahaus das Verfahren mit Zustimmung der Staatsanwaltschaft und des Angeklagten vorläufig eingestellt – sofern der Angeklagte 6000 Euro zahlt. Die Vorwürfe lauteten: Catch & Release (Fangen und Freilassen) von Stören und Welsen, die Praxis des „Angelzirkus" sowie unsachgerechtes Töten von Fischen. Bereits im Sommer 2012 erstattete PETA Strafanzeige gegen den Angelparkbetreiber unter anderem aufgrund des Angelns mit lebenden Köderfischen. (Az.: 2 Ds 114/14 – 540 Js 1536/13 Amtsgericht Ahaus – Staatsanwaltschaft Münster)

Wettangeln illegal: Bußgeld für Angelverein Nienburg / Weser e.V.
Oktober 2014 – Im Juni 2013 erstattete PETA Strafanzeige gegen 52 Teilnehmer des Wettbewerbs „Gemeinschaftsangeln mit anschließender Preisvergabe" des Anglervereins Nienburg / Weser e.V. Die Staatsanwaltschaft Verden stellte das Verfahren mit der Auflage ein, eine Geldbuße an das Kinderhospiz Löwenherz e.V. in Syke zu leisten, und kündigte an, im Wiederholungsfalle öffentliche Anklage zu erheben. Der Grund für die Anzeige: Am Pfingstmontag 2013 wurden beim Wettangeln zahlreiche Fische von den Teilnehmern des Anglervereins getötet. (Az.: NZS 932 Js 39226/14 Staatsanwaltschaft Verden/Aller)

Bußgelder für Heidemark-Schlachthof
September 2014 – Im Februar 2013 erstattete PETA zusammen mit der Tierschutzorganisation Animals Angels u.a. beim Landkreis Oldenburg Anzeige gegen die Firma Heidemark und den zugehörigen Schlachthof in Ahlhorn wegen Verstoßes gegen die Tierschutzschlachtverordnung. U.a. wurden die Standzeiten der für die Schlachtung vorgesehenen Puten überschritten. Der Landkreis hat inzwischen auch eigene Ermittlungen angestellt und mehrere Verfahren gegen das Unternehmen eingeleitet – es sind Bußgeldbescheide ergangen.

http://action.peta.de/ea-action/action?ea.client.id=44&ea.campaign.id=20905

Bußgeld für Jäger wegen illegaler Lockstellen
September 2014 – Mehrere Jäger mussten bereits durch Anzeigen von PETA bei der Unteren Jagdbehörde des Alb-Donau-Kreises wegen ille-

galer Kirrungen und Luderstellen – also Futterstellen, mit denen Jäger verschiedene Wildtiere anlocken – je 800 Euro als Bußgeld zahlen. Auch 2014 konnte ein Jäger wegen verbotswidriger Luderstellen überführt werden: Er musste 250 Euro Bußgeld entrichten.

Bußgeld für Landwirt
August 2014 – Im September 2012 erstattete PETA Anzeige gegen einen Landwirt bei der Landkreisverwaltung Euskirchen, der in Mechernich-Schaven Rinder in einer Garage hielt. Im November 2012 folgte eine entsprechende Strafanzeige an die Staatsanwaltschaft Bonn. Bereits im September 2012 erließ der Kreis Euskirchen „diverse Anordnungen" wegen der von PETA dokumentierten tierschutzrechtlichen Missstände (Az.: 39-40). Wegen weiterer umweltrechtlicher Vergehen leitete der Landkreis ein Ordnungswidrigkeitsverfahren ein. Der Bußgeldbescheid über 1053,50 Euro gegen Landwirt Z. ist rechtskräftig geworden (Az.: 074.30876.7/2619).
PETA.de/Mechernich

Langjähriges Tierhalteverbot für Putenmäster
August 2014 – Im Anschluss an eine umfassende Videorecherche in einem Putenmastbetrieb in Emstek erstattete PETA im April 2011 Strafanzeige gegen den Putenmäster Albert V. Die Ermittler dokumentierten untragbare hygienische wie bauliche Missstände – so gab es beispielsweise keine vorgeschriebenen Krankenabteile – und viele tote bzw. bereits verweste Tiere. Der Mäster hatte zum damaligen Zeitpunkt enge Bindungen zum Heidemark-Konzern, dem Putenmast-Marktführer in Deutschland. Nachdem die Staatsanwaltschaft Oldenburg das Verfahren zunächst ohne weitere Ermittlungen einstellte, wurde es nach einer Beschwerde an die Generalstaatsanwaltschaft wieder aufgenommen. Die Vorwürfe bestätigten sich. Der schon anderweitig auffällig gewordene Albert V. erhielt ein langjähriges Tierhalteverbot vom Landkreis Cloppenburg. Da der Mäster vom Landgericht Oldenburg wegen des Vorwurfs der gefährlichen Körperverletzung und versuchten Totschlags rechtskräftig zu einer Freiheitsstrafe von 1 Jahr und 3 Monaten auf Bewährung verurteilt wurde, unterblieb eine zusätzliche Verurteilung wegen Tierquälerei (Az. 1102 Js 19767/11 Staatsanwaltschaft Oldenburg, 5 Ks 742 Js 48177/10 (14/10) Landgericht Oldenburg). *PETA.de/Heidemark2011*

Strafbefehle gegen Puten-Ausstaller beantragt
August 2014 – PETA erstattete im Juni 2013 Strafanzeige gegen den Putenmäster Bernhard B. aus Friesoythe, der zum Heidemark-Konzern gehört und seine Puten im Heidemark-Schlachthof in Ahlhorn töten und verarbeiten lässt. Undercover-Aufnahmen der Tierrechtsorganisation

dokumentierten in dem Betrieb Missstände und grobe Gewalt gegen die Tiere beim Ausstallen. Die Staatsanwaltschaft Oldenburg agierte zunächst zögerlich und wollte die PETA-Ermittler als Augenzeugen vernehmen, bestätigte dann aber die Authentizität der Bilder. Das Verfahren gegen den Mäster B. selbst wurde zwar eingestellt, jedoch mehrere Strafbefehle gegen die Ausstaller beantragt (Az.: NZS 1102 Js 31543/13 Staatsanwaltschaft Oldenburg).

http://action.peta.de/ea-action/action?ea.client.id=44&ea.campaign.id=20905

Auflagen und Bußgeldverfahren gegen Greifvögel-Halterin

August 2014 – Im Januar 2012 erstattete PETA Strafanzeige gegen eine Tierhalterin, die in Frankenthal mehrere teils artengeschützte Wildvögel hielt. Die Undercover-Recherche der Tierrechtsorganisation führte zu Ermittlungen der Staatsanwaltschaft Frankenthal und des Veterinäramtes des Rhein-Pfalz-Kreises. Während das Strafverfahren eingestellt wurde, erließ die Kreisverwaltung umfangreiche Haltungsauflagen, da die Volieren der Greifvögel zu klein und die hygienischen Zustände mangelhaft waren. Gegen die Tierhalterin wurde zusätzlich ein Bußgeldverfahren eingeleitet (Az. 5034 Js 3537/12 Staatsanwaltschaft Frankenthal).

PETA.de/Greifvoegelfrankenthal

Pferdehalterin zu 130 Tagessätze à 10 Euro verurteilt

August 2014 – Nachdem PETA im Juli 2013 Strafanzeige gegen eine Pferdehalterin in Döttesfeld/Rheinland-Pfalz wegen des Verdachts der Tierquälerei gestellt hatte und eine von der Tierrechtsorganisation beauftragte Tierärztin anhand von Beweisfotos eine tierärztliche Stellungnahme verfasste, leitete die Staatsanwaltschaft Koblenz umfangreiche Ermittlungen ein. Die örtliche Veterinärbehörde erteilte erhebliche Auflagen, in deren Verlauf der Bestand aufgelöst und der Frau ein Tierhalte- und Betreuungsverbot ausgesprochen wurde. Das Amtsgericht Neuwied verurteilte die Angeklagte rechtskräftig zu einer Geldstrafe von 130 Tagessätzen à 10 Euro. Damit ist sie vorbestraft. (Az.: 2040 Js 20063/13 AG Neuwied/ Staatsanwaltschaft Koblenz)

Keine Wildtierdressuren in der ARD

August 2014 – Die Zusammenfassung des „38. Internationalen Zirkusfestivals von Monte Carlo“ in der ARD enthielt in diesem Jahr keine Szenen mit Wildtierdressuren. PETA hatte zuvor an den Sender appelliert, die Szenen mit Elefanten und Raubkatzen nicht auszustrahlen, und argumentiert, dass die Haltung und Dressur von Wildtieren im Zirkus nicht mit dem Tierschutz vereinbar ist.

Rinderhalter zu 40 Tagessätzen à 30 Euro verurteilt
Juli 2014 – Im April 2013 erstattete PETA Deutschland e.V. Strafanzeige gegen einen Rinderhalter, der seine Tiere, darunter auch Kälber, in extrem verdreckten Haltungsbedingungen leiden ließ. Er wurde mittels rechtskräftig gewordenem Strafbefehl zu einer Geldstrafe von 1200 Euro verurteilt (Az.: 114 Js 5725/13 Staatsanwaltschaft Memmingen).

Bußgelder für Tiertransporteure
Juli 2014 – Die Polizei stoppte im Juli 2013 am Maschener Kreuz bei Hamburg einen Tiertransporter mit über 550 Ferkeln, von denen bei 34°C Außentemperatur bereits 55 Tiere verstorben waren. Ihr Tod hätte durch die Zurverfügungstellung von Trinkwasser verhindert werden können. PETA erstattete Strafanzeige; die Staatsanwaltschaft Schwerin stellte zwar die Ermittlungen gegen die drei Verantwortlichen ein, allerdings müssen sie insgesamt 1000 Euro Geldbuße bezahlen (Az.: 132 Js 21398/13 StA Schwerin).

Rechtskräftiger Strafbefehl gegen Kaninchenhalter
Juli 2014 – PETA erstattete im Juli 2012 Strafanzeige gegen den Kaninchenhalter Ludger B. in Kneheim. Dabei berief sich die Tierrechtsorganisation auf umfangreiche Undercover-Ermittlungen, die viele verletzte und verdreckte Kaninchen dokumentierten. Nach Veröffentlichung der Rechercheergebnisse wurde die Mastanlage auf Veranlassung des zuständigen Veterinäramtes Cloppenburg bereits geschlossen. Der von der Staatsanwaltschaft Oldenburg beantragte Strafbefehl gegen den Mäster wurde nun rechtskräftig (Az.: NZS 200 Js 41910/12 VRs (1102) StA Oldenburg). PETA.de/Kaninchen

Kreiselmäherfahrer wegen Kitz-Tötung verurteilt
Juli 2014 – Weil ein Kitz bei Mechernich durch einen Kreiselmäher getötet wurde, hatte PETA im Juli 2013 Strafanzeige gegen die Verantwortlichen erstattet. Die Staatsanwaltschaft Bonn erhob Anklage gegen den Fahrer des Kreiselmähers, das Amtsgericht Euskirchen verurteilte ihn zu einer empfindlichen Geldstrafe von 60 Tagessätzen à 50 Euro wegen Verursachung erheblicher und länger andauernder Leiden und Schmerzen des Rehkitzes (Az.: 28 Ds 49/14 - 300 Js 181/13 Amtsgericht Euskirchen – Staatsanwaltschaft Bonn). Eine Geldstrafe in dieser Höhe gab es wegen eines solchen Tatbestands noch nie.

Unfall mit Kälbern hat strafrechtliches Nachspiel
Juli 2014 – Im September 2013 erstattete PETA Strafanzeige gegen die Verantwortlichen eines Kälbertransportes, der auf der A 7 bei Niederaula

verunglückte. Dabei verbrannten 39 gerade mal 2 Wochen alte Kälber. Zwar erhielten die Verantwortlichen des Viehhandelsunternehmens Paul O./Lingen keine Strafe wegen tierschutzrechtlicher Vergehen, es wurde jedoch ein Strafbefehl gegen den Fahrer des Tiertransporters wegen fahrlässiger Körperverletzung beim Amtsgericht Hersfeld beantragt. Denn bei dem Unfall war ein Straßenarbeiter, der sich mit seinem Baustellenfahrzeug auf der Autobahn befand, schwer verletzt worden (Az.: 24 Js 18222/13 Staatsanwaltschaft Fulda).

Außengehege für die Schimpansen im Zoo Wuppertal

Juli 2014 – Die Schimpansen Epulu und Kitoto im Zoo Wuppertal können endlich zeitweise ein Außengehege benutzen. Die intelligenten Menschenaffen waren viele Jahre in einem kleinen bunkerähnlichen Innengehege aus Beton und Glas eingesperrt. Im Rahmen einer mehr als dreijährigen Kampagne hatten sich neben dem Primatologen Professor Dr. Volker Sommer und dem aus Wuppertal stammenden Schauspieler Christoph Maria Herbst über 22.000 PETA-Unterstützer mit einer Petition für die Tiere eingesetzt.

Kein Ponykarussell auf Pfingstkirmes

Juli 2014 – Trotz Temperaturen von weit über 30 Grad mussten einige sichtlich erschöpfte Ponys auf der Bergisch Gladbacher Pfingstkirmes in einem sogenannten Ponykarussell ihre Runden drehen. Nach Protesten lokaler Tierschützer sowie einem detaillierten Schreiben von PETA an den Bürgermeister und die Parteien im Stadtrat teilte der Bürgermeister mit, den Vertrag mit dem Schausteller nicht zu verlängern. Künftig soll es auf den städtischen Volksfesten keine Ponykarussells mehr geben.

Löwen aus Zirkus leben nun in Auffangstation

Juli 2014 – Nachdem ein Whistleblower eine Löwenhaltung in Crailsheim gemeldet hatte, ergaben weitere Recherchen, dass die Haltungsbedingungen der Tiere deutlich unter den offiziellen Mindestanforderungen lagen. Der Zirkusdompteur Heiko Olf hatte die Löwen einfach in Crailsheim „geparkt". PETA erstattete Anzeige beim zuständigen Veterinäramt. Nach einigen Wochen wurden die Tiere in die niederländische Auffangstation „Stichting Leeuw" (Stiftung Löwen) überführt.

Ebay löscht Tellereisen-Auktion

Juli 2014 – PETA Deutschland e.V. hatte Ebay um die Löschung einer Auktion mit Tellereisen gebeten. Grund: Tellereisen zählen zu den grausamsten Fang- und Tötungsapparaten und sind seit 1995 in der EU verboten. Durch illegal aufgestellte Fallen werden jedes Jahr viele Wildtiere, aber auch Hunde und Katzen verstümmelt und getötet. Ebay bedankte sich für den Hinweis und löschte den Artikel umgehend von der Seite.

Bußgeld für Eierproduzenten

Juni 2014 – Die Wendländer Frischei GmbH betreibt mehrere Bio-Hühnerfarmen in Niedersachsen. PETA Deutschland e.V. erstattete 2013 beim Landkreis Lüchow-Dannenberg Anzeige gegen die Gesellschaft wegen des Verdachts eines Verstoßes gegen das Tierische-Nebenprodukte-Beseitigungsgesetz. Der Vorwurf in der Anzeige: Tote Hühner wurden in für Menschen und Tiere zugänglichen, handelsüblichen Mülltonnen „entsorgt". Der Landkreis Lüchow-Dannenberg sah den Tatbestand der Ordnungswidrigkeit ebenfalls als erfüllt an und verhängte ein Bußgeld. Das Verfahren ist rechtskräftig abgeschlossen.
Hintergrund: Einer der Geschäftsführer der Wendländer Frischei GmbH ist Richard Hennenberg, gegen den umfangreiche Ermittlungsverfahren wegen Tierquälerei und Betruges aufgrund von Undercover-Ermittlungen und Strafanzeigen von PETA Deutschland e.V. bei der Staatsanwaltschaft Wuppertal laufen. *PETA.de/Bioeier*

Erweiterung von Schweinemastanlage in Thedinghausen verhindert

Mai 2014 – Der Schweinemastanlagenbetreiber Hans Hermann A. hatte im April 2013 beim Landkreis Verden (Aller) die Erweiterung seines Stallgebäudes um 900 Mastschweineplätze auf insgesamt 2100 Tierplätze beantragt. Nachdem sich die Behörde lange, aber letztlich erfolglos gegen den Akteneinsichtsantrag von PETA gewehrt hatte, legte die Tierrechtsorganisation im September und Oktober 2013 Einwendungen gegen die Genehmigung dieser Anlage ein (behördliches Az.: 63-244-2013). U. a. verwies PETA dabei auf baurechtliche Gesetzesänderungen. Die Forderung auf Versagung der Genehmigung wurde auch im Erörterungstermin im Oktober 2013 unterstrichen. Die Behörde folgte der Argumentation PETAs und verlangte von dem Landwirt Nachbesserungen am Antrag, die dieser letztlich nicht erfüllen konnte. Daher zog er seinen Antrag im Mai 2014 zurück. Die geplante Erweiterung der Schweinemastanlage wurde somit durch PETA verhindert.

Erweiterung von Junghennenaufzuchtanlage verhindert

Mai 2014 – Der Betreiber einer Junghennenaufzuchtanlage im Kreis Paderborn hatte im vergangenen Jahr beantragt, seinen Betrieb um 25.400 Kükenplätze auf insgesamt 65.000 Tierplätze zu erweitern. PETA erhob Einwendungen gegen das Vorhaben mit der Begründung, dass der Antrag u.a. aus baurechtlichen Gründen nicht genehmigt werden könne. Die Genehmigungsbehörde folgte dem Einwand und forderte vom Antragsteller umfangreiche baurechtliche Nachbesserungen, die dieser letztlich nicht erbringen konnte. Im Mai 2014 zog der Betreiber daher seinen Antrag zurück. Damit bleibt in dieser Anlage pro Jahr etwa 75.000 Tieren ein Leben voller Leiden erspart, weiteren 75.000 männlichen „Eintagsküken" pro Jahr der Tod durch Schreddern bei lebendigem Leibe oder Vergasen. Hintergrund: Der Antragsteller betreibt eine weitere Anlage – einen Geflügelmastbetrieb –, für die er ebenfalls 2013 die Genehmigung zum Ausbau um über 43.000 Tierplätze beantragt hatte. Auch hiergegen hatte PETA aus den gleichen Gründen Einwendungen erhoben, die Behörde folgte der Argumentation PETAs und der Antragsteller zog den Antrag zurück. Der Anlagenbetreiber ist einer der Hauptakteure, die gegen den nordrhein-westfälischen Regierungserlass aus 2014 vorgehen, wonach männliche „Eintagsküken" nicht mehr vergast bzw. geschreddert werden dürfen.

OLG-Beschluss: PETA darf Video über grausame Zirkusdressur weiter zeigen
April 2014 – Tiger-Dompteurin Carmen Zander scheiterte vor dem Oberlandesgericht Düsseldorf auch in zweiter Instanz mit dem Vorhaben, ein von PETA veröffentlichtes Video über Tierquälerei im Zirkus verbieten zu lassen. Das OLG Düsseldorf stellte in seinem Beschluss (Az. 1 O 252/13) fest, dass Carmen Zander „im Rahmen der Dressur (notwendigerweise) durch dominante Zwangshandlungen den von ihr dressierten Tigern ihren eigenen Willen aufzwingt".

https://www.youtube.com/watch?t=18&v=wFZkPWQOEUUc

Keine Angora-Produkte mehr
April 2014 – Die Supermarktketten REWE, EDEKA, LIDL und NORMA haben nach Gesprächen mit PETA erklärt, keine Angora-Produkte mehr im Non-Food-Bereich einzukaufen. Winterwäsche, Socken oder Gelenkwärmer enthalten häufig Anteile von Angorawolle.

Angora-Produktion geht zurück
April 2014 – Weil viele Großkunden in der Bekleidungsbranche nach Aufklärung von PETA keine Angora-Wollprodukte mehr ordern, schließt die Peters GmbH in Clausnitz ihre dortige Textilfabrik für Angorawäsche.

Neun Monate Freiheitsstrafe auf Bewährung für Tierquälerin
April 2014 – Das Amtsgericht Ebersberg verurteilte eine Tierhalterin zu einer Freiheitsstrafe von 9 Monaten, einem lebenslangen Tierhalte- und Tierhandelsverbot sowie zu 150 Sozialstunden (Az.: 1 Ds 12 Js 23399/12 AG Ebersberg). Die Tierhalterin hatte jahrelang mehrere Tiere (Pony, Esel, Stute, Schweine, Hund) teils unter erbärmlichen Umständen gehalten, weshalb PETA bereits im Juli 2012 Anzeige erstattete. Da schon vorher

kein behördliches Eingreifen stattfand, erzeugte PETA mit der Strafantragstellung öffentlichen Druck, und die Staatsanwaltschaft München II klagte die Tierhalterin nun erfolgreich an.

Bußgeld für tierquälerische Hundezucht

März 2014 – Nachdem PETA im April 2013 die tierquälerischen Zustände auf dem Gelände eines Tierhändlers und Hundezüchters in Gerbstedt-Friedeburg dokumentierte, ermittelte die Staatsanwaltschaft Halle/Saale. Das Landratsamt Mansfeld-Südharz verhängte mehrere Auflagen zur Abstellung der tierquälerischen Zustände, im März 2014 wurde dann ein Bußgeldbescheid rechtskräftig (Az.: 976 Js 11673/13 Staatsanwaltschaft Halle, FBII/39.20.2013-64 Landkreis Mansfeld-Südharz).

PETA.de/HundezuchtGerbstedt

„Königsangeln" verstößt gegen Tierschutzgesetz

März 2014 – Auf eine Strafanzeige von PETA Deutschland e.V. hin bestätigte die Staatsanwaltschaft Münster in einem bahnbrechenden Bescheid, dass das sogenannte „Königsangeln" gegen § 17 des Tierschutzgesetzes verstößt, da es sich um Wettangeln handelt. Auch der Verzehr der Fische ändert daran nichts. Das Verfahren wurde zwar wegen geringer Schuld eingestellt, jedoch mit der Maßgabe, dass im Wiederholungsfall strafrechtliche Sanktionen zu erwarten sind (Az.: 540 Js 1433/13).

Rechtskräftiger Strafbefehl gegen Pferdehändler

März 2014 – Tierquälerische Pferdehaltung bestraft: Nachdem PETA Strafanzeige gegen zwei Pferdehändler aus dem niedersächsischen Aschendorf erstattet hatte, beantragte die Staatsanwaltschaft Osnabrück einen Strafbefehl gegen die beiden Beanzeigten beim Amtsgericht Papenburg wegen Verstoßes gegen das Tierschutzgesetz (Az.: NZS 871 Js 34257/13). Das Verfahren gegen einen der beiden Pferdehändler wurde nun eingestellt; gegen den anderen hingegen wurde ein Strafbefehl in Höhe von 40 Tagessätzen à 20 Euro rechtskräftig.

China Southern Airlines transportiert keine lebenden Affen mehr zu Versuchslaboren

März 2014 – Die größte Fluggesellschaft der Volksrepublik China, China Southern Airlines (CSA) wird ab sofort keine lebenden Affen mehr zu Versuchslaboren transportieren. Das bestätigte ein CSA-Verantwortlicher der Tierrechtsorganisation PETA USA am 21. März 2014 in einem Schreiben. Das Unternehmen reagiert damit unter anderem auf die jahrelange, weltweite Kampagnenarbeit PETAs. Nach dem Rückzug von CSA aus dem Bereich der Tiertransporte ist Air France nun die letzte große Fluggesellschaft, die noch immer Affen zu Laboren in aller Welt befördert. PETA begrüßt die Entscheidung von CSA und wird sich in ihrer Kampagnenarbeit nun auf einen Transportstopp bei Air France konzentrieren.

Großrazzia im VION-Schlachthof Bad Bramstedt

Februar 2014 – Großrazzia im VION-Schlachthof Bad Bramstedt: Rund 250 Beamte sicherten Akten wg. des Vorwurfs unhygienischer Missstände und Tierquälerei. Vorausgegangen war eine Strafanzeige von PETA aus dem Jahr 2012, die die unzureichende Betäubung von Rindern zum Inhalt hatte (Az.: 588 Js 9353/12 Staatsanwaltschaft Kiel).

http://www.ndr.de/fernsehen/sendungen/ndr_aktuell/media/ndraktuell19607.html, http://www.ndr.de/fernsehen/sendungen/s-h_magazin/media/shmag26729.html und http://www.veganblog.de/2014/02/28/grossrazzia-im-vion-schlachthof

Rechtswidrige Zwingerhaltung eines Hundes

Februar 2014 – Nachdem PETA nach umfangreichen Ermittlungen im April 2013 Strafanzeige gegen einen Tierhändler aus Einhausen erstattet hatte, erhob die Staatsanwaltschaft Darmstadt im Februar 2014 Anklage wegen Verstoßes gegen das Tierschutzgesetz (Az.: 500 Js 17201/13). Das Verfahren wurde im Laufe des Jahres 2015 gegen Zahlung einer vierstelligen Geldbuße nach § 153a StPO eingestellt." Die Tierquälerei wurde in dem Format Hundkatzemaus ausgestrahlt.

PETA.de/HundKatzeMausEinhausen

Pferde beschlagnahmt

Februar 2014 – Nachdem PETA 2012 Strafanzeige gegen zwei Halter vernachlässigter Pferde in der Region Hannover erstattet hatte, wurde das langwierige Verfahren im Februar 2014 wg. geringer Schuld und einer Verwarnung eingestellt. Die Pferde wurden von der Region Hannover beschlagnahmt (Az.: NZS 1342 Js 19540/12 Staatsanwaltschaft Hannover).

Kaiserslautern: Zoo beendet Tigerhaltung

Februar 2014 – Nach dem Tod von Tiger Igor hat der Aufsichtsrat des Zoos Kaiserslautern beschlossen, die Tigerhaltung vorerst zu beenden. PETA hatte der Zoodirektion und der Öffentlichkeit mit Beiträgen in der Lokalpresse dargelegt, dass Tiger grundsätzlich nicht ausgewildert werden können und in den beengten Verhältnissen von Zoos unter Verhaltensstörungen leiden.

Burladingen: Staatsanwalt beantragt Strafbefehl mit hoher Geldstrafe gegen Jäger wegen Hundequälerei

Februar 2014 – Nachdem PETA und die betroffene Hundehalterin Strafanzeige erstattet haben, soll ein Jäger 9600 Euro Strafe bezahlen und zwei Monate lang seinen Führerschein abgeben. Der Jäger hatte im Dezember 2013 den Golden Retriever „Jazz“ im Wald aufgegriffen und an das Heck seines Geländewagens gebunden. Mit dem angebundenen Tier soll er etwa einen Kilometer durch Burladingen gefahren sein (AZ.: 11 Js 9489/13 StA Hechingen).

Köln: Stadt vergibt Fläche nicht an Circus Carl Busch
Januar 2014 – Die Stadt Köln hat entschieden, den begehrten Neumarkt in der Kölner Innenstadt im März/April 2014 nicht an den Circus Carl Busch, sondern an das Zirkusunternehmen Roncalli zu vermieten. Im Vorfeld der Entscheidung hatte PETA der Stadt Köln behördliche Unterlagen über diverse Tierquälereien im Circus Carl Busch zukommen lassen – verbunden mit der Bitte, von einer Vermietung des beliebten Platzes auf dem Neumarkt an den Circus Carl Busch abzusehen. Einen Eilantrag des Circus Carl Busch gegen die Entscheidung der Stadt Köln hat das Verwaltungsgericht Köln abgelehnt, eine darauf folgende Beschwerde beim Oberverwaltungsgericht in Münster zog der Zirkus zurück.

Ahlhorn: Neubau Schlachthof-Anlage verhindert
Januar 2014 – Nach Einwendungen der Tierrechtsorganisation PETA Deutschland e.V. und durch öffentlichen Druck konnte die Errichtung eines weiteren Schlachthofes in Ahlhorn verhindert werden. Mindestens 120.000 Hühner werden damit pro Tag vor dem Tod gerettet.

Peek & Cloppenburg, Street One, Peter Hahn und Ulla Popken stellen Einkäufe von Angora-Kleidung ein
Januar 2014 – Weitere Modeunternehmen reagieren auf den von PETA aufgedeckten Angora-Skandal. Die beiden eigenständigen Firmen Peek & Cloppenburg KG Düsseldorf und Peek & Cloppenburg KG Hamburg sowie die Young-Fashion-Marke Street One und die Versandhändler Peter Hahn und Ulla Popken stoppen die Bestellung von weiteren Angora-Produkten.

Das Ende für Operationsübungen an Tieren in 9 Ländern
Januar 2014 – Dank der Zusammenarbeit verschiedener PETA Büros weltweit Einsatz werden veraltete Tierversuche, bei denen Tiere in Chirurgie-Kursen bislang aufgeschnitten und getötet wurden, in neun Ländern künftig voll und ganz eingestellt. Ab sofort kommen im Rahmen der medizinischen Ausbildung in Bolivien, Costa Rica, Ägypten, im Iran, in Jordanien, Mexiko, der Mongolei, Panama sowie Trinidad und Tobago stattdessen naturgetreue Simulationsmodelle des menschlichen Körpers zum Einsatz.

Berlin: Reiseagentur „JT Touristik GmbH“ streicht SeaWorld aus Angebotskatalog

Januar 2014 – Nachdem PETA Deutschland e.V. die Reiseagentur „JT Touristik GmbH“ im Dezember 2013 angeschrieben und über die nicht tiergerechte Behandlung von Orcas in Einrichtungen von SeaWorld, einer US-basierten Kette von Meeresparks, informiert hatte, teilte das Unternehmen nun schriftlich mit, sämtliche Werbung für SeaWorld aus betroffenen Hotelbeschreibungen entfernt zu haben. Auch ein Shuttleservice zu den Tiershows wird nicht mehr angeboten.

KURZPORTRÄT PETA DEUTSCHLAND E.V.

Seinen Ursprung hat PETA in den USA: Bereits 1980 gründete Ingrid Newkirk die Organisation mit dem Ziel, in Fällen von Tierquälerei zu ermitteln, sie öffentlich zu machen und zu beenden. Ihr Wunsch, sich für Tierrechte zu engagieren, entwickelte sich während ihrer Arbeit als Tierschutzbeamtin für den Staat Maryland. Denn hierbei entdeckte sie, wie viel Tiermissbrauch hinter den verschlossenen Türen von Labors, in der Intensivtierhaltung und an vielen anderen Orten stattfindet. Bis heute ist Ingrid Newkirk die 1. Vorsitzende und das Herz von PETA USA und PETA Deutschland. Seit ihrer Gründung hat die Tierrechtsorganisation zahlreiche Fälle von Tierquälerei in Labors aufgedeckt und erreicht, dass deren Finanzierung eingestellt wurde. Sehr viele dieser Einrichtungen sind mittlerweile geschlossen, und Hunderte von Anklagen seitens des US-amerikanischen Landwirtschaftsministeriums konnten auf Basis des von PETA USA vorgelegten Beweismaterials erhoben werden. So wurde unter anderem der größte Pferdeschlachthof in Nordamerika dank des Drucks von PETA USA geschlossen. Inzwischen ist PETA zur größten Tierrechtsorganisation mit weltweit mehr als 4 Millionen Unterstützern angewachsen.

1994 beschloss Ingrid Newkirk gemeinsam mit dem 2. Vorsitzenden von PETA Deutschland e. V., Harald Ullmann, auch in Deutschland auf gesellschaftlicher und politischer Ebene für ethisch korrektes Verhalten gegenüber Tieren zu kämpfen. Harald Ullmann lernte PETA USA im Jahr 1983 kennen, wo er als Tutor und wissenschaftlicher Mitarbeiter an der Ohio

1 | Ingrid Newkirk, Mitbegründerin und Präsidentin von PETA
2 | Harald Ullmann, 2. Vorsitzender von PETA Deutschland e. V.

State University arbeitete. Schon damals engagierte er sich für die Rechte von Tieren. Zurück in Deutschland, sah er 1986 in der „Animals Agenda" eine Anzeige, in der PETA USA Mitarbeiter suchte. Harald Ullmann bewarb sich und wurde nach kurzer Zeit Office Manager und anschließend Director of Operations bei PETA USA. Im Jahr 1994 zog er zurück nach Deutschland mit dem Plan, dort eine Schwesterorganisation von PETA zu gründen. 2014 feiert die Organisation mit Stolz ein rundes Jubiläum: 20 Jahre PETA Deutschland.

Inzwischen liegt die Zentrale in Stuttgart, insgesamt sind rund 50 engagierte Menschen für PETA in Deutschland tätig. Hinzu kommen unzählige Menschen, die sich bei PETA ehrenamtlich engagieren, allein das Aktivisten-Netzwerk umfasst ca. 30.000 Unterstützer. Denn PETA ist zu 100 Prozent spendenfinanziert – nur so ist die vielfältige Arbeit überhaupt möglich. Ohne die freiwilligen Helfer, die bei Aktionen vor Ort sind, ohne die großen Werbeagenturen, Fotografen, Prominenten, Zulieferer und andere kreative Köpfe, die PETA unentgeltlich unterstützen, wäre die Arbeit nicht so erfolgreich.

Mittlerweile gibt es Schwesterorganisationen in England, Frankreich, den Niederlanden, Indien, Asien und Australien, mit denen PETA Deutschland auf internationaler Ebene kooperiert.

AUSWAHL VON TIERRECHTSORGANISATIONEN IN DEUTSCHLAND

Albert Schweitzer Stiftung für unsere Mitwelt
Dircksenstraße 47
10178 Berlin
kontakt@albert-schweitzer-stiftung.de
www.albert-schweitzer-stiftung.de

Animal Equality
Buttmannstraße 7A
13357 Berlin
info@animalequality.de
www.animalequality.de

Animal Rights Watch e.V.
Hirschbachstraße 57
73431 Aalen
info@ariwa.org
www.ariwa.org

Deutsches Tierschutzbüro e.V.
Genthiner Straße 48
10785 Berlin
post@tierschutzbuero.de
www.tierschutzbuero.de

Menschen für Tierrechte Bundesverband der Tierversuchsgegner e.V.
Roermonder Straße 4a
52072 Aachen
info@tierrechte.de
www.tierrechte.de

Offensive gegen die Pelzindustrie
c/o Tommy Weißbecker Haus
Wilhelmstraße 9
10963 Berlin
info@offensive-gegen-die-pelzindustrie.net
www.offensive-gegen-die-pelzindustrie.net

Pro iure animalis - Für das Recht des Tieres -
Bornergasse 45
76829 Landau
hoos@pro-iure-animalis.de
www.pro-iure-animalis.de

Dr. med. Henrich ProVegan Stiftung
In der Kohlenbach 27
57080 Siegen
info@provegan.info
www.provegan.info

ReACT! e.V.
Sommerstr. 2
85586 Poing
rsac@bigfoot.com
www.react-online.de

SOKO Tierschutz e.V.
Jakober Str. 57
86152 Augsburg
info@soko-tierschutz.org
www.soko-tierschutz.org

die tierbefreier e.V.
Postfach 15 03 25
44343 Dortmund
info@tierbefreier.de
www.tierbefreier.de

vegane gesellschaft deutschland e.v.
Marienstr. 19/20
10117 Berlin-Mitte
info@vegane-gesellschaft.org
www.vegane-gesellschaft.org

PERSONENREGISTER

Jobst Eggert / PETA
Manager Grafik / AV / Online-Kommunikation

Isabel Engelhardt
bis Anfang 2015 Fachreferentin gegen Tierversuche bei PETA

Dr. Edmund Haferbeck / PETA
Manager der Rechts- und Wissenschaftsabteilung

Peter Höffken / PETA
Senior Fachreferent für Tiere in der Unterhaltungsbranche

Janine Louis / PETA
Betreuerin der PETAKids-Kampagne

Vanessa Reithinger / PETA
Fachreferentin für Wildtiere

Frank Schmidt / PETA
Fachreferent für Tiere in der Bekleidungsindustrie

Krishna Singh / PETA
Syndikusanwalt

Harald Ullmann / PETA
2. alleinvertretungsberechtigter Vorsitzender

Lisa Wittmann / PETA
Fachreferentin für Ernährung und Agrarwissenschaften